Kohle aus altem Blech

Wenn du's in Dinslaken schaffen kannst

Axel Emde

Kohle aus altem Blech

Wenn du's in Dinslaken schaffen kannst

Axel Emde

Bibliografische Information der Deutschen Nationalbibliothek:
Die Deutsche Nationalbibliothek verzeichnet diese Publikation
in der Deutschen Nationalbibliografie; detaillierte
bibliografische Daten sind im Internet über http://dnb.dnb.de
abrufbar.

Korrektorat: Pia Stein

Herstellung und Verlag: BoD – Books on Demand,
Norderstedt

ISBN: 978-3-7528-0350-1

INHALT

Vorwort

Ich lese ungern lange Texte. Bücher sind schön, wenn sie Bilder haben. Ein Buch zu schreiben, war nie meine Absicht. Wie die erzählte Kurzgeschichte unseres kleinen Hobby-Start-Ups ist auch dieses Buch aus einer Laune heraus entstanden. Erwarten Sie daher kein literaturpreisverdächtiges Werk, sondern Geschichten, die ich erlebt habe und mit meinen eigenen Worten zum Ausdruck bringe. Grundlegende Gedanken über unser Leben und unser Miteinander ließen sich nicht vermeiden. Kunst, so sagt man, entsteht ja erst im Auge des Betrachters. Na ja, das wird hier schwer, aber entscheiden Sie selbst.

Ich habe im letzten Jahr zusammen mit meinem Sohn Leo, meiner Lebensgefährtin Ina, deren Tochter Pia und unserem Freund Phil viele für mich sehr wertvolle Erfahrungen gemacht, die ich gerne teile. Nehmen Sie sich hieraus mit, was für Sie passt.

Ganz besonders beeindruckt hat mich die Welt der Hobby-Kunsthandwerker, die ich bisher wenig bis gar nicht beachtet habe. Von Eisen und Holz über Stoff bis Seife, hier sind wahre Künstler und Helden am Werk. Das Leben ist bunt wie die Stände auf den Märkten.

Wenn wir es schaffen, das Leben von der positiven und humoristischen Seite zu nehmen und Unterschiedlichkeit als Bereicherung erkennen, können wir gewinnen.

Leichte Geburt

Jeder hat sie schon erlebt: Besondere Momente, die zu Ideen inspirieren. Kreativität ist per Definition das Finden von Lösungen zu Aufgaben, Herausforderungen oder Problemen. In unserem Fall hatten wir zwar zumindest kein bewusstes Problem, aber eine Atmosphäre, die neue Ideen begünstigte.

Wir, das sind mein Sohn Leo, meine Partnerin Ina und ihre Tochter Pia, Phil, der beste Freund meines Sohnes und ich.

Leo hatte zu seinem 19. Geburtstag einen Couchtisch von Ina und mir bekommen, was an sich erst mal keine besonders spektakuläre Information ist. Dieser Tisch jedoch bestand aus einem alten 6-Zylinder-Motorblock eines 3er BMW. Erstanden hatte ich dieses Monument des Automobilbaus im Internet und irgendwo an der deutsch/niederländischen Grenze abgeholt. Der Verkäufer dieses nicht mehr einsatzbereiten Motorgehäuses war ein junger Bursche, der am Sonntagnachmittag in seiner Garage an einem BMW schraubte und die Begeisterung für meine Idee, einen Couchtisch aus dem alten Aluminiumklotz zu basteln, spontan teilte. Er übergab mir den Block mit ölverschmierten Händen und hatte gleich noch eine Empfehlung für einen sehr gut geeigneten Haushaltsreiniger. Voller Vorfreude und Stolz fuhr ich nach Hause.

Der Geburtstag meines Sohnes ist im März und so fand die erste Säuberungsaktion Ende Februar in einem SB-Autowaschcenter, bei Temperaturen gefühlt weit unter dem Gefrierpunkt, statt. Der Waschplatz ist ein bekannter Treffpunkt der örtlichen Tuningszene. Die Luft vibrierte durch die dumpfen Bässe der Gangsterrap-Musik. Ich konnte in meinem Rücken die Blicke der Fahrer der 3er BMW und Corsa's mit Scherentüren im Lamborghini-Style spüren, als wir den Kofferraum unseres Wagens öffneten und den alten Motorblock heraushoben. Voll krasse Sache.

Nach einer halbstündigen Bearbeitung des Motorblocks mit dem Hochdruckreiniger war der Großteil des Öls noch nicht entfernt, dafür aber kein Staub mehr vorhanden. Nur meine Hände fühlten sich an wie die von Reinhold Messner als er als erster Mensch der Welt, nur bekleidet mit Jeans und T-Shirt, ohne Sauerstoff und ohne Handschuhe einst den Nanga Parbat im Westhimalaya bestieg. Zuhause im Wohnzimmer wurde dann nach der Wiederbelebung der Gliedmaßen die restliche Reinigung mit dem empfohlenen Spezialreiniger (danke nochmal an den freundlichen Schrauber) auf einer Plane gemacht bis der einstige Antriebsblock eines stolzen Fahrzeugs wieder im Neuzustand blinkte.

Mir wurde an dieser Stelle einmal mehr bewusst, welch wunderbare Frau an meiner Seite ist, die derartige Aktionen, die in anderen Partnerschaften nicht selten vor dem Familiengericht landen, nicht nur erduldet, sondern aktiv unterstützt.

Damit das Ganze noch etwas mehr hermachte, hatten wir die Zylinder, bevor wir die Glasplatte montierten, noch mit LED-Leuchten bestückt, die mit Strom aus einer Powerbank versorgt wurden. Das sah schon sehr cool aus. Mein Sohn freute sich sehr über das Geschenk.

Nun, an besagtem Tag saßen wir fünf auf unserer Terrasse. Es war ein schöner Spätsommerabend und die Sonne ging gerade unter. Der benachbarte Bauer hatte den Weizen geerntet und die Stoppeln leuchteten in der Abendsonne. Wir sprachen darüber, welche Möbelstücke man außer einem Couchtisch noch aus Autoteilen herstellen könnte. Ich weiß nicht mehr genau, glaube aber es war die beste Frau von allen, die die Idee hatte, eine alte Radkappe zu benutzen. Als die Idee ausgesprochen war, dauerte es nur Sekunden bis ein anderer von uns sagte: „Ja klar, ich hab's, da machen wir eine Uhr raus." Wie fast immer in solchen Situationen passierte das Unvermeidliche. Jemand offenbart einen negativen Glaubenssatz. Jene Sätze, die wir alle mit uns herumtragen und die häufig geprägt sind durch Erziehung und Schule. In unserem Fall war es dieser: „Das ist so einfach, da ist bestimmt schon vor uns jemand draufgekommen." Wenn unser Internet einen Vorteil hat, dann liegt dieser in der schnellen Überprüfbarkeit von Aussagen dieser Art. So im ersten Ansatz und auf Anhieb fanden wir im weltweiten Netz erst mal nichts. Ich muss an dieser Stelle sagen, dass, auch wenn diese Idee von anderen bereits umgesetzt worden wäre, mich das vermutlich nicht davon abgehalten hätte, den Einfall intelligent zu kopieren und eine Radkappenuhr selbst zu bauen. Schließlich sind die besten Sachen häufig die einfachen.

Wie gesagt, es war eine kreative Situation, ohne dass wir aktiv ein Problem lösen wollten. Schnell kam der nächste Gedanke, nach alten Radkappen im Internet zu schauen. Unsere Wahl fiel, auch wegen ihrer sehr geeigneten Form, auf eine Mercedes Strich 8 - Radkappe aus den frühen 70er Jahren, die auch an anderen Modellen aus Stuttgart Verwendung fand.

Die Strich 8er waren die unverwüstlichen Autos, die bei uns in den 80er und teilweise noch heute von echten Freaks gefahren werden oder von Taxifahrern in Marokko geschätzt, gehegt und gepflegt werden. Der Strich 8 steht hier noch unerschütterlich für das Qualitätssiegel *Made in Germany*. In Marokko allerdings sind die Strich 8 - Taxifahrer die Avantgardisten, denn das Hauptmodell ist nach wie vor das

Vorgängermodell, genannt Heckflosse. Die Mercedes-Karren lassen sich dort an jeder Straßenecke reparieren und haben, welch unschätzbarer Vorteil, praktisch keine Elektronik. Getreu dem Motto „Was nicht drin ist, kann auch nicht kaputt gehen."

Zurück zu besagtem Spätsommerabend. Als wir alle so richtig im Flow waren, kam die Idee auf, doch gleich einen Markennamen oder auf neudeutsch Label zu kreieren, um unser neues Produkt unverwechselbar zu machen. Irgendwas mit Radkappen und lautlosem Uhrwerk, weil die fanden wir auf Anhieb cooler als die tickenden Kollegen. Bodenständigkeit wollten wir auch zum Ausdruck bringen, daher musste der Zechenturm Lohbergs unserer Heimatstadt Dinslaken noch mit auf das Logo. Alles passierte innerhalb einer halben Stunde und das Logo von *Silent Rim* (übersetzt mit „stille Felge") war fertig. Wie gesagt, alles Spaß, ohne jeden Druck und aus einer Laune heraus.

Wir bestellten im Internet die erste gebrauchte Radkappe und dazu auf einer Online-Verkaufsplattform ein lautloses Uhrwerk aus China. Nach ein paar Tagen war beides da. Die mit Bremsstaub verkrustete, taxifarbene Radkappe wurde sorgsam gereinigt und aufgearbeitet. Sie erstrahlte in altem Glanz und hatte natürlich einige Gebrauchsspuren, die sie zu einem Unikat machten. So war sie genau richtig. Anfängliche Hemmungen hatten wir, ein

Loch in das Zeugnis der Geschichte zu bohren, doch daran ging kein Weg vorbei. Leo verschenkte unsere erste Radkappenuhr und bekam 10 von 10 Punkten.

Wir waren zufrieden, stolz und ein wenig traurig, dass die Uhr weg war.

Öffentliche Premiere

Freunde brachten uns auf die Idee, unsere Radkappenuhren auf einem Handwerkermarkt anzubieten. Ich kannte derartige Märkte bisher entweder getarnt als mittelalterliche Spektakel, auf denen Freaks mit langen verfilzten Haaren, aus mit offenem Feuer beheizten Stoffzelten allerlei seltsame Produkte feil boten oder als Veranstaltungen, auf denen Hausfrauen als Hohe Priester des Häkelns ihre Kunst in Form von Topflappen und Deckchen in allen erdenklichen Formen und Farbkombinationen zum Verkauf anboten.

Vor allem wegen seiner Nähe erschien uns der etwa viermal im Jahr stattfindende Kunsthandwerkermarkt in der Neutorgalerie unserer Heimatstadt Dinslaken ein geeigneter Ort zu sein, um hier, quasi in der Höhle des Löwen, die Resonanz auf unser Produkt zu testen.

Ich dachte, warum nicht? Wenn du es hier schaffst, kannst du es überall schaffen.

Schon der erste telefonische Kontakt mit einer der beiden Maritas, die den Markt mit viel Liebe und Engagement organisieren, verlief überraschend. Ich konnte durch den Hörer das ungläubige Kopfschütteln hören, als ich erklärte was wir anbieten wollten und dass der Künstler persönlich anwesend sein würde. Wir hatten einen Riesenspaß und eine Zusage für einen Standplatz.

Dann kam der Tag der Wahrheit. Ich schlief etwas unruhig in der Nacht davor und hatte mit meinen mehr als fünfzig Lebensjahren mehr Lampenfieber als ein Abiturient vor der mündlichen Prüfung.

Wir packten zehn Radkappenuhren verschiedener Fabrikate samt schwarzem Pannesamt, Tapeziertischen und anderer Deko ins Auto und fuhren los. Auf dem Weg hörten wir AC/DC, um uns vor der Prüfung nochmal so richtig Adrenalin reinzupumpen.

Da standen wir nun mit unseren Kisten in der Neutorgalerie.

An dieser Stelle nochmal herzlichen Dank an das Ordnungsamt, das es sich nicht nehmen ließ, uns um halb neun in der menschenleeren Innenstadt ein Ticket während unserer zehnminütigen Entladungsphase zu verpassen. So starteten wir den ersten Verkaufstag tief in den roten Zahlen.

Schon während der Aufbauphase sahen wir die staunenden und teilweise mitleidigen Blicke unserer Kombattanten, die versuchten sich durch raffinierteste und ausgefeilteste Dekorationen zu übertreffen. Da wurde Schmuck auf ehemaligen Tapeziertischen angeboten, die durch geschickte Anordnung von Kisten und überzogen vom allgegenwärtigem schwarzen Pannesamt in ihrer Anmutung und Eleganz den Auslagen namhafter Juweliere auf der New Yorker Fifth Avenue in nichts aber auch gar nichts nachstanden.

Es herrschte ein unglaublich emsiges und geschäftiges Treiben. Ehemänner trugen Tapeziertische und Kisten, ganz offenbar voller Vorfreude auf einen entspannten Samstag allein zuhause mit Rasenmähen, Autowaschen und Sportschau während Mutti ihre geklöppelten Spitzendeckchen im Tempel des Konsums zur Schau stellte.

So, und jetzt kamen wir.

Wir hatten immerhin einen alten Birkenast mitgebracht, den wir ein paar Tage zuvor beim Joggen im Wald gefunden hatten. Die Uhren wurden wurden sorgsam ausgepackt, mit Politur der letzte Schliff verpasst, die Uhrwerke montiert und an den Ast gelehnt. Es lief. Noch zwanzig Minuten bis zur Eröffnung. Übersehen hatten wir in der Hektik leider, dass bei der Hälfte der Uhren die Uhrwerke nicht funktionierten, weil wir diese zu fest montiert hatten. Kann ja mal passieren, dass man nicht auf die Zeit achtet, wenn man Uhren verkauft.

Ein paar Stellplätze weiter erblickte ich den ungekrönten König der Heimbastler. Auf seiner blauen Schürze stand „Brett Pitt" und der Name war Programm. Auf kleinen Holztäfelchen waren von ihm in offenbar ausgeklügeltster Technik die Visagen mir bekannter und unbekannter Menschen eingebrannt. Wow! Man kannte sich offenbar untereinander gut, dank des an vielen Samstagen geteilten Schicksals der Kunsthandwerkermärkte. Wir waren ganz offensichtlich die New Kids on the Block.

Noch fünf Minuten bis zur Eröffnung. Die Spannung stieg ins Unermessliche. Zum ersten Mal nahm ich die Hintergrundmusik war, die uns in einer Endlosschleife noch den ganzen Tag begleiten sollte und deren Spätfolgen für unser Unterbewusstsein sich sicher erst nach Jahren in ihrer vollen Ausprägung zeigen würden.

Zehn Uhr. Es war soweit. Die Tore des kleinstädtischen Einkaufparadieses wurden geöffnet. Mein Sohn und ich sahen uns an und klatschten uns ab. Mochten die Spiele beginnen. Da Enttäuschungen bekanntermaßen von zu hohen Erwartungen kommen, hatten wir diese vorsichtshalber sehr niedrig angesetzt. Wir wären mit ein bis zwei verkauften Radkappenuhren zufrieden gewesen.

Es dauerte einige Zeit bis die ersten Besucher ins Obergeschoss kamen, wo der uns zugewiesene Standplatz war. In einigen Gesichtern konnte ich die Überraschung sehen, dass an diesem Samstag die üppig breiten Wege der Galerie durch die Hobbyhandwerker zugestellt waren. Die meisten Besucher gingen erst mal an den Ständen vorbei, ohne sie groß zu beachten. Ich konnte das durchaus nachvollziehen, denn auch ich hatte den Verkaufsständen in der Vergangenheit nicht viel Beachtung geschenkt.

Dann blieb tatsächlich der Erste bei uns stehen und war sich nicht zu schade, den Kommentar abzugeben, dass das ja wohl unmöglich sei, dass wir die schönen alten Radkappen durchbohrt hätten, um Uhrwerke einzusetzen. Unsere Hinweise darauf, dass wir die Radkappen aus erbärmlichem Zustand in chromblitzende – Achtung Kalauer – Zeitzeugen verwandelt hätten, verhallten unbeachtet in den Weiten des Konsumdoms. Nun ja, Feedback ist wichtig und das wollten wir ja auch haben. In diesem Moment fühlte sich das zum Start des Tages allerdings nicht ganz so großartig für uns an.

Interessant ist die uns Männern vergönnte Gabe von Frauen, die über einen 360°-Rundumblick verfügen, sobald sie ein Einkaufszentrum betreten. Evolutionsforscher rätseln noch über die Ursachen dieser Entwicklung. Es funktioniert offenbar ähnlich wie ein Radar und verhilft ihnen Dinge zu entdecken, die wir Männer mit unserem Tunnelblick niemals sehen würden. Ob diese besondere Fähigkeit ein Vorteil ist, vermag ich nicht zu beurteilen. Wir jedenfalls wurden vom Radar der Frauen detektiert. Angedeutete spontane Richtungsänderungen der Frauen wurden von ihren männlichen Begleitern häufig instinktiv korrigiert, vermutlich in der guten Absicht den samstäglichen Pflichtgang in die Stadt nicht unnötig zu verlängern oder gar den Anstoßtermin der Fußballbundesliga zu gefährden.

Wenn dieser erste Versuch der Kurskorrektur nicht den gewünschten Erfolg hatte, wurde von den Männern häufig etwas gebrummelt das sich anhörte wie: „Eine alte Radkappe habe ich noch irgendwo in der Garage" und „so eine Uhr baue ich dir noch schnell vor der Sportschau zusammen." Kann ja auch nicht sein, dass da Zwei stehen, die etwas gebastelt haben, was Mann nicht selbst zustande bringt.

Es dauerte nicht lange und eine begleitungsfreie Samstagsfreigängerin stand vor uns und fragte, was die Uhren denn so kosten. Verdammt. Uns viel spontan auf, dass wir in der Hitze des Gefechts ganz vergessen hatten Preisschildchen aufzustellen. Wie aus der Pistole geschossen, antworteten mein Sohn und ich vollkommen synchron 59 Euro (ich) und 50 Euro (Leo). Ich überließ meinem Sohn das Feld und nach nicht mal einer halben Stunde war die erste Uhr verkauft.

Was für ein Gefühl! Sagenhaft! Wir konnten schon jetzt nicht mehr verlieren. Dopamin floss in Strömen, wir waren beide high. Verzögerungsfrei wurde der grandiose Verkaufserfolg in unsere WhatsApp-Gruppe gepostet. Alle freuten sich mit uns und der

Dopamin-Joint wurden zwischen allen Junkies geteilt.

Ein älterer Herr kam an unseren Stand und berichtete beim Anblick einer Opel-Radkappenuhr von seinen Urlaubserlebnissen mit einem alten Rekord B. Es waren offenbar Erinnerungen an eine bessere Zeit und er kaufte die Uhr um sie in seiner Küche, in der er heute wohl häufig allein saß, aufzuhängen. Ich glaube eine der schlimmsten Situationen ist es im Alter einsam zu sein. Auf Dinslakens ehemaligem Zechengelände auf dem Gebäude der Schwarzkaue prangte vor dem Abriss der Spruch eines Kölner Künstlerpaares: „WAS BLEIBT IST DIE ZUKUNFT." Bei ihm war es offenbar anders, die Vergangenheit blieb. Ich freute mich, dass unsere Uhr so viele schöne Gefühle bei ihm freisetzte. Wir packten sie sorgsam ein, denn er wollte sie mit dem Fahrrad nach Hause transportieren.

Uns Menschen wird nachgesagt, über keine Schwarmintelligenz zu verfügen. Was aber auf jeden Fall vorzüglich ausgeprägt ist, ist der Herdentrieb. Kaum verweilten die ersten Menschen an unserem Stand, gesellten sich weitere dazu. Auch das mir aus Baumärkten bekannte Phänomen der gegenseitigen Beratung der Kunden untereinander trug sich zu. In meinem Lieblingsbaumarkt hatte ich häufig schon derartige Erlebnisse gehabt. Selbst komplizierteste Fragen vorzugsweise in den

Abteilungen Eisenwaren und Elektro (an dieser Stelle schöne Grüße an die angesprochenen Fachverkäufer) führten häufig zu Diskussionen der Kunden untereinander, in deren Folge die besagten Experten des Hauses irgendwann ins Abseits gerieten und chamäleongleich die Farbe der Wand annahmen oder direkt durch sie wegdiffundierten, um bloß nicht mit halbseidenen technischen Lösungen in Verbindung gebracht zu werden.

Ähnlich war es bei uns. Nur das es nicht um handwerkliche Fragen ging, sondern bei den Männern zum Beispiel um das exakte Automodell und Baujahr und bei den Frauen häufig um Form und Farbe. Einige Radkappen wurden vorzugsweise von Frauen als Geschenk gekauft, was uns natürlich besonders stolz machte, auch wenn ich das Brummeln einiger der beschenkten Göttergatten „das hätte ich auch selbst gekonnt", praktisch hören konnte. Hatte er aber nicht, war unsere Idee.

Nach dem der morgendliche Sturm sich gelegt hatte, bereitete sich die gähnende Leere der Mittagszeit über uns aus. Wir wechselten uns am Stand ab und hatten so etwas Zeit für Smalltalk mit unseren Mitstreitern. Ich hatte größten Respekt vor diesen Menschen, die sich und Ihre selbst in unzähligen Stunden hergestellten Erzeugnisse präsentierten. Die Vielfalt der Waren überstieg bei weitem das Angebot der Läden des Einkaufszentrums. Das

Leben ist bunt und zeigte sich so nicht nur am Stand selbstgemachter Kinderkleidung. In meiner Vorstellung sah ich Frauen, die auf der Basis eines Vertrags der friedlichen Koexistenz mit ihrem Partner, in der Küche Perlen auf Silberschnüre auffädelten, während der holde Gatte im Wohnzimmer den Tatort verfolgte. Manchmal ist auch der Weg das Ziel. Beeindruckend war für mich auch der Stand eines direkten Wettbewerbes, der unter anderem auch Uhren aus Bremsscheiben in seinem Angebot hatte. Er berichtete von eigenen Werkzeugmaschinen, wie Dreh- und Fräsbänken, die mein kleines Heimwerkerherz höherschlagen ließen. Illustrationen der Erzeugnisse seiner Hände und Maschinen liefen in einer Endlosschleife auf seinem Laptop. Dieser Kunsthandwerkermarkt stand für handwerkliches Geschick und Idealismus aber auch für das Bedürfnis nach Anerkennung und Respekt. Wir waren Teil des Ganzen und froh darüber.

Am Nachmittag rollte das Geschäft wieder an. Ich war am Abend glücklich und müde. Wir hatten überwiegend positives Feedback bekommen, nette Gespräche geführt, einige unserer originellen Zeitzeugen verkauft und Visitenkarten an Interessierte aber Kaufunentschlossene verteilt. Die Hintergrundmusik der Neutorgalerie wirkt bis heute noch nach und ich hoffe, dass sich die Spätfolgen in Grenzen halten werden.

Karla Kolumna

Eines Abends las mir mein Schatz einen Artikel aus dem lokalen Teil der Zeitung aus dem Internet vor. Es ging dabei um Portraits von Menschen mit handwerklichen Hobbys wie Hinterglasmalerei, Portraitmalerei auf Reiskörnern oder ähnlichen Kunststücken. Die Vorlesestunde endete mit der Frage, warum wir nicht mal mit der Radkappengeschichte vorgestellt würden. Ja, vielleicht lag es daran, dass die Vertreter der lokalen Presse noch nicht auf uns und unsere Handwerkskunst aufmerksam geworden waren. Ich schrieb daraufhin folgende E-Mail an die Zeitungsredaktion:

Sehr geehrter Herr xxx,

Heute Morgen las ich im Internet, wie Menschen aus Dinslaken und Umgebung präsentiert wurden, die etwas Besonderes herstellen oder basteln.
Das hat mich inspiriert, Ihnen unsere Geschichte kurz vorzustellen und Sie zu fragen, ob sie für Sie und die Leser Ihrer Zeitung interessant genug ist für eine Veröffentlichung.

Unikate aus Oldtimerteilen - Made in Dinslaken
Eine Vater-Sohn-Geschichte

Die Faszination für Automobile und insbesondere Oldtimer, die mein Sohn Leonard (19 Jahre) und ich (54 Jahre) seit einiger Zeit teilen, brachte uns dazu, aus Teilen historischer Fahrzeuge Möbel- und Designobjekte zu bauen. Alles fing an mit einem Couchtisch, gebaut aus einem altem 6-Zylinder BMW-Motorgehäuse mit LED-Beleuchtung und Glasplatte, den mein Sohn von mir zu seinem 19. Geburtstag bekam. Naheliegend war auch der Bau von Uhren aus alten Metallradkappen. Stylische Unikate, die mit ihren Macken und Kratzern von hunderttausenden Kilometern erzählen.
Nachdem wir einige Uhren verschenkt hatten, brachten uns Freunde darauf, unsere Produkte doch mal auf einem Kunsthandwerkermarkt anzubieten.
Ein Logo mit einer Uhr und dem Zechenturm von Lohberg als Symbol unserer Heimatstadt Dinslaken war an einem Sommerabend auf unserer Terrasse schnell geboren.
Der Erfolg und vor allem das Feedback vieler Menschen, die unseren Stand in der Neutorgalerie besucht haben, war einfach nur überwältigend und hat unsere Erwartungen weit übertroffen.
Mittlerweile ist unser Team angewachsen. Da ist Phil (19 Jahre), der beste Kumpel meines Sohnes, und weltbeste IT-Spezialist. Seine Fähigkeiten haben uns zu einer informativen und top-designten Homepage (silent-rim.de) verholfen.
Weiter werden wir unterstützt von meiner Partnerin Ina (49 Jahre) und ihrer Tochter Pia (21 Jahre), die unser Team mit kreativen Ideen

bereichern. Weitere Produkte sind für 2019 in Vorbereitung.

Wir alle haben die Vorteile einer Arbeit im Team am eigenen Leib erfahren und sind begeistert, welche Ergebnisse unsere "Kreativmeetings" im Bastelkeller hervorbringen.

Obwohl wir mittlerweile auch Produkte über Internetplattformen, wie z.B. Amazon verkaufen, freuen wir uns doch schon auf die nächsten Märkte, wie z.B. in der Neutorgalerie am 30.03.. Nichts ist schöner als direkt zu erfahren, wie auch andere Menschen unsere Oldtimerunikate wertschätzen. Das erfüllt jeden von uns mit Stolz.

Irgendwie ist auch der Weg das Ziel.

Weitere Infos auf unserer Homepage oder bei Interesse auch sehr gerne persönlich.

Nicht der Bruder von Fred aber der Vater von Leo.

Grüße aus Dinslaken.

Es dauerte drei Tage, ich war gerade mit dem Auto unterwegs und hatte meine Mail schon fast vergessen, als mein Telefon klingelte und sich eine junge Frauenstimme aus der Zeitungsredaktion meldete und mit mir einen Termin vereinbarte. Die gerufenen Geister hatten sich tatsächlich gemeldet.

Obwohl meine Vorstellungen von Lokalredaktionen im Wesentlichen auf den Geschichten von Horst Schlemmer, der Figur des grandiosen Hape Kerkelings beruhten, verzichteten wir darauf, für das „Schätzelein" und uns Schnittchen und Doornkaat bereit zu stellen und beschränkten uns auf Kaffee. Zusammen mit Karla kam ihr Partner, der Fotograf. Karla trug einen Rucksack und eine runde, messingfarbene Brille und war kaum älter als mein Sohn. Sie war ganz offensichtlich kein Automensch, hatte sich aber mit vielen Fragen in ihrem Notizbuch sehr gut vorbereitet. Wir redeten wie uns der Schnabel gewachsen war. In unserer Schatzkammer im Keller, in der wir die Radkappen wie Reliquien aufbewahrten, wurden unzählige Fotos in kürzester Zeit geschossen. Karla fragte und fragte und wir plauderten. Ruckzuck waren zwei Stunden vergangen und nach der Verabschiedung fragten wir uns, was sie jetzt mit all den Informationen machen würde.

Der Artikel erschien tatsächlich einige Tage später. Wir waren begeistert. Karla hatte unsere Leidenschaft in Worte gefasst.

Leonard und Axel Emde (von links) in ihrer „Schatzkammer", in der Vater und Sohn Uhren und Lampen aus alten Radkappen fertigen.   FOTO: ERWIN POTTGIESSER

Unikate aus Oldtimern

„Handmade in Dinslaken": Axel und Leonard Emde geben in ihrer „Schatzkammer"
alten Autoteilen als Uhren und Möbelstücken ein zweites Leben

Von Madeleine Hesse

Dinslaken. Im glänzenden Metall spiegelt sich der Sekundenzeiger. Stetig läuft er um den silbernen Mercedes-Stern auf dem Zifferblatt, das einst eine alte Oldtimer-Radkappe war. Der Dinslakener Axel Emde und sein Sohn Leonard haben ihr zu neuem Glanz verholfen - und sie für ihr Label „Silent Rim" in eine Wanduhr eingebaut.

Mercedes, BMW, Chrysler, Audi, VW und andere bekannte Markennamen zieren die Uhren, die Vater und Sohn mit Hilfe von Axel Emdes Lebensgefährtin Ina, ihrer Tochter Pia und Leonards bestem Freund Phil verkaufen. Dafür poliert das Team die Radkappen aus den 50er bis 70er Jahren, arbeitet sie auf und setzt schließlich die Uhrwerke ein.

Handarbeit in der „Schatzkammer"

Dann glänzt das abgestumpfte Metall wieder und die Zeiger ticken. Aber nur ganz leise, wie der Labelname „Silent Rim", englisch für stilles Uhrwerk, verspricht. Denn, so Axel Emde, „wir finden laut tickende Uhren nervig". Die Designobjekte sind „handmade" in Dinslaken, der Lohberger Förderturm ziert das Logo des Labels. „Wir sind Dinslakener und der Umgebung sehr verbunden", sagt Axel Emde, der eine kleine „Schatzkammer" im Keller seines Wohnhauses für die Handarbeiten zur Verfügung stellt.

Blaues Licht unter dem Mercedes-Stern: Der Kühlergrill im Hausflur wurde kurzerhand zur Wandleuchte.   FOTO: ERWIN POTTGIESSER

Um die hundert Oldtimer-Stücke lagern derzeit im Keller ein. Je nach Zustand der alten Autoteile dauert es bis zu zwei Stunden, eine Radkappe zur Uhr zu machen - oder eben länger, wenn der Rost besonders hartnäckig ist. Axel und Leonard Emde schätzen die kleine Macken der Kappen, das mache „jede Uhr zum Unikat."

„Wir geben den Autoteilen eine neue Bedeutung."

Leonard Emde, über die Handwerksarbeit an Oldtimer-Teilen.

Überhaupt freuen sie sich, den Oldtimer-Teilen, die sie auf Schrottplätzen oder im Internet finden, neues Leben einzuhau-

chen. „Das sind doch verlorene Seelen", sagt Axel Emde. Sein Sohn ergänzt: „Wir geben ihnen eine neue Bedeutung." Denn Vater und Sohn sind begeistert von Oldtimern, fahren regelmäßig zu Ausstellungen im Ruhrgebiet. In der Garage steht ein 93er Youngtimer, so Axel Emde, der aber noch nicht „old" genug ist. Denn erst mit mindestens dreißig Jahren darf sich ein Auto „Oldtimer" nennen.

Das seltenste Autoteil, das die beiden Hobbyhandwerker verarbeitet, sei die Radkappe eines amerikanischen Ford „Thunderbirds" gewesen. Weil das Logo zu schade sei, um mit einem Uhrwerk durchbrochen zu werden, sei kurzerhand eine Wandleuchte daraus entstanden. Und eine neue Produktidee. In „Werkstattmeetings" im Keller von Axel Emde trifft sich

das Team etwa alle zwei Monate an einem selbst gemachten Tisch aus Rennreifen, um neue Prototypen zu diskutieren. Aus einem Mercedes-Kühlergrill etwa soll so bald eine weitere Leuchte werden, eine rot lackierte Motorhaube vielleicht als Sideboard dienen. Leonard Emde träumt davon, einmal eine ganze Autofront in ein Möbelstück umzubauen. Angefangen habe alles mit einem Tisch aus alten Motorblöcken, der als Geschenk bei Leonard Emde steht und unverkäuflich bleibt. Schnell bekamen Vater und Sohn das erste Bastelfeedback von Bekannten. Und dachten sich: Vielleicht haben andere genauso viel Spaß daran, wie wir?" Der Verkauf im Kleinen startete.

Oldtimer-Suche auf Schrottplätzen

Im November war „Silent Rim" erstmals auf dem Hobbykunsthandwerkermarkt in der Neutor-Galerie vertreten, Ende März werden die Dinslakener wieder dort ausstellen, mit neuen Produkten in der Preisspanne zwischen 30 und 60 Euro. „Es hat Spaß gemacht, auf dem Markt ein direktes Feedback zu bekommen", sagt Axel Emde. „Die meisten haben sich begeistert gezeigt." Auch im Internet vertreibt „Silent Rim" Stücke, auch auf Anfertigungswunsch. Dafür werden Vater und Sohn bald wieder auf Schrottplätzen herumstöbern, immer auf der Suche nach seltenen Oldtimer-Teilen.

Quelle: NRZ

Der Amtsschimmel wiehert

Das Besondere an unserem Team ist, dass wir zu fast jeder Fragestellung mindestens einen Fachmann haben. Bei betriebswirtschaftlichen Fragen wird meistens mein Sohn eingeschaltet, der mit Anfänger-BWL-Wissen aus seinem Studium die Aufgaben übernimmt, an denen jeder andere gerne mal in einem großen Bogen vorbeigeht. Hierzu zählen allseits beliebte Themen wie Gewerbeanmeldung und Steuern.

Wem sich an dieser Stelle schon langsam die Fußnägel aufrollen, der sollte im folgenden Kapitel sehr stark sein. Das Thema ist doppelt so schlimm wie es sich anhört. Insbesondere in den Bereichen Gewerbe und Steuern wurden wir von Leo und Phil angetrieben, von Anfang an alles richtig zu machen. Meine in mehr als fünfzig Jahren erworbene Lebensweisheit: „Stelle keine Fragen, bei denen du unangenehme Antworten und neue Probleme bekommen könntest." setzte sich nicht durch.

Ich war bisher in meiner grenzenlosen Naivität davon ausgegangen, dass Gewerbe gleich Gewerbe ist und vielleicht nur das „liegende" Gewerbe in Rotlichtvierteln eine gewisse Sonderform darstellte. Wir wären nicht Deutschland, wenn es hier nicht deutlich komplizierter würde.

Als Teilnehmer an Kunsthandwerkermärkten ist man so was wie ein fliegender Händler, der heute hier morgen da seine Waren zum Verkauf anbietet. Das kennt man ja von den Uhrenverkäufern in Italien am Strand, die vermutlich nicht alle über einen Gewerbeschein verfügen. Für ein paar verkaufte Uhren erschien mir der Aufwand doch recht unverhältnismäßig, doch wir wollten ja alles richtig machen. Ich glaube die Aufnahmeunterlagen unterscheiden sich nicht ob man ein paar Hundert oder Milliarden Euro Umsatz plant. Alles wurde brav ausgefüllt. Bei der Frage nach unseren Fertigungsstätten und dem Maschinenpark überlegten wir dann doch kurz ob das ein Formular aus Absurdistan war oder ob wir hier Akkuschrauber und Reinigungsmittel angeben sollten. Ich brauche an dieser Stelle nicht explizit zu erwähnen, welche riesige Hilfe uns von den Schimmeln im Amt zu Teil wurde. Ich stelle mir vor, wie diese nach der Hälfte ihrer täglichen gefühlt drei Stunden Öffnungszeit wiehernd zum Kaffeeautomaten gingen und sich gar nicht mehr einkriegten, dass da Wahnsinnige am Werk waren, die für Ihr Hobbygewerbe diese Anträge ausfüllen wollten.

Bereits nach wenigen Monaten Bearbeitungszeit, Dinslaken muss praktisch das Mekka für Start-Ups sein, und einer Gebühr in der Größenordnung unseres bisherigen Umsatzes wurde der Antrag dann positiv beschieden.

Doch damit nicht genug. Ein Reisegewerbe gilt, wie der Name schon sagt, nur für reisende also nicht stationäre Händler. Man benötigt noch einen Schein für ein stehendes Gewerbe, um außerhalb der Märkte verkaufen zu dürfen. Der Vorteil ist: er ist wesentlich preisgünstiger. Jedoch kein Vorteil ohne Nachteil. Wieder musste mein Sohn Antragsformulare ausfüllen, Passbilder machen lassen und alles bei den Hütern der gewerblichen Ordnung einreichen. Weiteres Nachfragen, wie gesagt ich hatte davor gewarnt, brachte zu Tage, dass wir durch ein neues Gesetz für Internetverkäufe noch eine weitere Bescheinigung benötigten. War ja klar!

Die Anmeldung von Gewerben brachte uns ohne erforderliche Aufnahmeprüfung eine Mitgliedschaft bei der Industrie- und Handelskammer ein. Hört sich erst mal gut an, ist es aber in unserem Fall nicht wirklich. Unsere Freude über diese Mitgliedschaft war praktisch grenzenlos und doch mehr nach innen gerichtet. Vermutlich unterschätzten wir die Vorteile, insbesondere wenn unser zukünftig auf dem Weltmarkt agierendes Unternehmen Auszubildende einstellen würde oder von den weltweiten Kontakten der IHK unter anderem in Übersee profitieren könnte. In meiner Vorstellung sah ich uns an der Seite von lokalen Vertretern der IHK bei der Eröffnung unserer Filiale am Times Square mit großen Leuchtbuchstaben SILENT RIM. „If I can make it there, I'll make it anywhere" von Frank Sinatra fiel mir dazu ein.

Natürlich waren wir auch sofort Mitglied bei der Berufsgenossenschaft. Na klar. Auch hier galt es lustige Formulare auszufüllen, die in fast allen Punkten so gar nicht passend für unsere Sache waren. Mein Sohn kämpfte sich auch tapfer über diese Hürde. Unter der Rubrik Tätigkeiten trug er wahrheitsgemäß ein, dass wir Bohrungen in ca. 0,5 bis 2 mm starkes Blech einbringen. Mir fielen insbesondere für die Herstellung unserer Kanisterbars, die mit einem Winkelschleifer aufgetrennt und dann weiterbearbeitet wurden, einige zusätzliche handwerkliche Tätigkeiten ein. Ich überlegte auch, eine Gefährdungsanalyse für all diese Tätigkeiten zu erstellen. Mein Hinweis, dass Gefährdungsbeurteilungen seit einiger Zeit sogar psychische Gefahren enthalten können, hielt mein Sohn für einen Witz. War's aber nicht. Von der BG allerdings wurde uns am Telefon vergleichsweise nett geholfen. Sprechen hilft nicht immer, aber häufig. Ideal ist es, wenn man sich trotz Worten versteht. Wir passten das Formular entsprechend an und schickten es ab in der unberechtigten Hoffnung möglichst nichts mehr zu hören.

Meine Eltern hatten mir immer gesagt, über Geld spreche man nicht. An dieser Stelle muss ich mal eine Ausnahme machen, denn es geht um das Finanzamt und Steuern. Hier wollten wir natürlich auch alles richtig machen, um nicht das gleiche Schicksal eines bekannten Münchener Wurstfabrikanten, der während seiner Freigänge auch gerne mal seine Phosphatschläuche in den Auslagen eines Discounters höchst persönlich sortierte, zu erleiden.

Von meinem Sohn aus dem Steuerrecht herausgesuchte und jeweils frei übersetzte Aussagen, wie

„Ab einem Jahresumsatz von 17.500€ wird es Geschäftsessen geben.“

oder

„Bestechungsgelder und Zinsen auf hinterzogene Steuern können nicht vom Gewinn abgezogen werden.“

ließen uns frohlocken.

Endlich mal eine staatliche Behörde, die wusste wie man mit Jungunternehmern umgeht. Wie gesagt, wenn du es in Dinslaken schaffst, dann kannst du es überall schaffen.

Die besondere Faszination alter Gebrauchsgegenstände

In diesem Moment sitze ich vor unserem kleinen, 30 Jahre alten Wohnwagen auf einem Camping-Platz in Südtirol und zähle die Holzsplitter in meinen Fingern. Bei siebzehn höre ich auf zu zählen. Die Splitter stammen von einer alten Holztür, die wir spontan auf einem Trödelmarkt gekauft haben um sie Zuhause als Platte für einen Wohnzimmertisch zu verwenden. Die Frau an meiner Seite, die ebenfalls über den bereits beschriebenen 360°-Rundumblick verfügt, hatte sie entdeckt und im Gegensatz zu mir direkt eine Idee gehabt. Die Holztür stammte sicher von einer alten Berghütte, in der bereits Luis Trenker Zuflucht suchte und die schon zu jener Zeit baufällig gewesen war. Die knorrige alte Hüttenpforte war vollkommen unbehandelt und auf der Außenseite von Wind und Wetter gegerbt. Auf der Innenseite verströmte sie einen starken Rauchgeruch, vermutlich von der offenen Feuerstelle der Berghütte. Auch ein Holzwurm fühlte sich hierin sehr wohl. Die Holztür als Tischplatte wird vermutlich nicht so praktisch sein, wie seine glatten Kollegen aus den Möbelgeschäften, dafür aber einzigartig und wird gleichzeitig die Erinnerung an einen schönen Urlaub lebendig halten.

Wir Menschen sind alle unterschiedlich und das führt dazu, dass wir auf die gleichen Dinge durch unseren ganz individuellen Filter schauen und so zu unterschiedlichen Beurteilungen kommen. Das ist so ähnlich wie mit der längsten Praline der Welt. Für die einen sind die von uns verwendeten alten Autoteile eine Ansammlung von Schrott, für uns sind es Unikate, die mit ihren Kratzern und Dellen Geschichten aus ihrem langen Autoleben erzählen und vielleicht auch unsere eigenen Erinnerungen an unsere Vergangenheit wiederbeleben.

Ich erinnere mich an Zeiten, in denen meine Eltern praktisch in jeden Sommerferien mit mir nach Italien, dem Land der Zitronen und Missverständnisse, fuhren. Unser Ziel war immer der gleiche Ort an der Adria, um hier den Urlaub in einer kleinen Pension zu verbringen. Hierfür wurde im Opel Manta A in kaminroter Lackierung mit Vinyldach, der der ganze Stolz meiner Familie war, für mich dank einer Kühltasche hinter dem Beifahrersitz und ein paar Decken eine Liegefläche erstellt. Hier konnte ich die dann folgenden 1300 Kilometer bequem zubringen. Sicherheitsgurte waren gerade die neuste technische Errungenschaft und nur auf den Vordersitzen angebracht. Mein Vater zog sich für die Fahrt immer ein paar Lederhandschuhe an und kam sich mit den für diese Zeit beachtlichen 80PS vor wie Niki Lauda.

Nach dem Start im Sauerland hatte meine Mutter bereits kurz nach Verlassen des Stadtgebietes ihre Brote und Frikos vor lauter Aufregung bereits verspeist und musste nun auf den verbleibenden dreizehn Stunden Fahrtzeit darauf hoffen, dass mein Vater oder ich unsere Rationen mit ihr teilten. Meistens fuhren wir ohne Zwischenübernachtung durch, manchmal quartierten wir uns auch in Bozen ein, ohne diese nette südtiroler Stadt auch nur eines Blickes zu würdigen, um ja die Ankunft am ersehnten Zielort nicht zu verzögern.

Ich erinnere mich an eine Fahrt bei der uns ein Arbeitskollege meines Vaters mit seiner Familie in einem gelben Opel Ascona, ebenfalls Modell A, begleitete. Aufgrund der zu dieser Zeit unüblichen Vorkehrungen gegen Korrosion hatte dieser bereits in jungen Jahren Rostansätze an den Türen gehabt, die vom Besitzer gleichermaßen handwerklich und ästhetisch gut verspachtelt und mit einem schwarzen Streifen der vielseitig verwendbaren pechschwarzen Antidröhnfarbe versehen wurde. In Kombination mit der gelben Lackierung sah das mit meinen Kinderaugen extrem sportlich aus. An der Adria angekommen wurde insbesondere der rote Opel Manta von meinem italienischen Spielkameraden bestaunt, da Form und Farbe in Italien auffielen, da sie sonst den Alfa Romeos oder seltenen Ferraris vorbehalten waren.

Inas Erinnerungen drehen sich beim Anblick der alten Radkappen, die nach wie vor unser Hauptprodukt sind, um einen weißen Mercedes Strich 8 ihres Vaters. Um die im Winter erforderliche Startenergie für den 54PS starken Dieselblock zur Verfügung zu stellen, wurde die bierkistengroße Batterie bei extremer Kälte ausgebaut und im Gartenschuppen geschützt aufbewahrt, eine für spontane Fahrten eher unpraktische Methode. Vor dem Startvorgang wurde der Energiespeicher wieder eingebaut und der Daimler musste ordentlich vorgeglüht werden. Dieser Prozess ist bei heutigen Jugendlichen als gute Vorbereitung für eine Party nicht unbekannt. Moderne Motorelektronik und Dieselpartikelfilter warteten noch auf ihre Erfindung. Nach dem Start des Selbstzünders entlud sich eine Kohlenstoffwolke, die den Schnee schwarz färbte und jede moderne Feinstaubanlage unmittelbar und für alle Zeiten zugesetzt hätte. Angeschafft war das Gefährt aus Stuttgart um einen Wohnwagen der Marke Tabbert mit gusseicherner Vollholz-Innenausstattung von Hamburg nach Dänemark ziehen zu können. Es bestand keine Gefahr für das Gespann die zulässige Höchstgeschwindigkeit zu überschreiten, die auch erst kurz vor dem Zielort erreicht wurde.

Die unverwüstliche und unkomplizierte Analogtechnik des Strich 8 erklärt auch seine noch heute zahlreichen Anhänger weltweit. Während in unseren Fachwerkstätten

Reparaturen an modernen Fahrzeugen im Grunde nur durch Austausch von Teilen durch Monteure mit weißen Handschuhen erfolgen, sind für mich die wahren Helden der automobilen Reparatur, die, die auf offener Straße und ohne jede Schutzkleidung zum Beispiel in Nordafrika Aluschweißungen an Eintrittskrümmern von Strich 8 durchführen. Schrauber in Flip-Flops, die aus gutem Grund vermutlich niemals eine Gewerbezulassung in Deutschland bekommen hätten. Hier wird improvisiert ohne dass ein Arzt kommt. Alles hat halt mindestens zwei Seiten. Ähnlich wie der Maschinist Johann im Film „Das Boot" konnte auch der geübte Laie ohne Auslesen eines Motorsteuergerätes durch Horchen, man stelle sich das vor, feststellen wie es um Zündzeitpunkt oder Ventilspiel bestellt war.

Auch wenn ich früher gesagt habe, dass der Kopf mir von den Schultern rollen soll, sollte ich jemals diesen Satz sagen. Ich tue es doch in etwas abgeschwächter Form: Früher war auch nicht alles schlecht! So!

Ich machte mit Vollendung meines 18. Lebensjahres meinen Führerschein und holte diesen an meinem Geburtstag bei Öffnung des Straßenverkehrsamtes im verschneiten sauerländischen Lüdenscheid um 06.00 Uhr und 0 Sekunden ab. Ich konnte es gar nicht abwarten, endlich die große Freiheit mit einem Automobil zu erleben. Meine Eltern, die mir ansonsten viele meiner Wünsche erfüllten, verweigerten mir leider und dieses Trauma versuche ich noch bis zum heutigen Tage zu bewältigen, den alten Opel Manta zu übernehmen. Der Wagen hatte gemäß verbindlicher Aussage meiner Erziehungsbeauftragten zu viel PS. Manchmal treiben elterliche Sorgen seltsame Blüten.

Alternativ wurde ich dazu überredet, mit einem Teil meines Ersparten und einer großzügigen Unterstützung meiner Erzeuger ein gebrauchtes Automobil der Marke Autobianchi vom Typ A112 mit 48 Pferdestärken, den italienische Mini, zu erwerben. Wer Rost in allen seinen Facetten und Ausblühungen kennen lernen will, war bei dieser Entscheidung ganz weit vorne. Jahre später und nach ein paar Bieren berichtete der Freund meines Vaters, der eine Fiat-Vertretung hatte und uns dieses durchaus stylische (die Mädchen fanden es damals sehr süß) Produkt aus Bella Italia verkauft hatte, dass bereits nach der Auslieferung von Neuwagen sich nach zweiwöchigem Stehen im sauerländischen Regen Flugrost bildete. Das gestalterische Arbeiten mit Glasfasermatten und 2-Komponenten-Polyester hätte eigentlich mein Interesse für den Maschinenbau in Richtung Stuckateur lenken müssen. Auf Oldtimertreffen sind diese vergänglichen Produkte aus der Schmiede von Autobianchi daher mittlerweile so selten wie ein alter Bugatti.

Den Wagen nahm der Händler teils aus Mitleid teils aus Geschäftstüchtigkeit nach ein paar Jahren in Zahlung und verkaufte mir einen FIAT Uno mit 75 PS und geregeltem Kat. Ein Unterschied wie Tag und Nacht. Der Autobianchi war zwar mit seinen 48 italienischen Hengsten durchaus flott unterwegs aber der Uno war deutlich erwachsener und vor allem zuverlässiger.

Einer unserer Hauptmotivationsfaktoren für unsere Aktivitäten besteht darin, die Geschichte dieser Autos mit all ihren Fehlern, Ecken und Macken am Leben zu erhalten. Wir freuen uns an diesen Zeugen einer vergangenen Zeit und geben beispielsweise den Radkappen in Form von stylischen Uhren ein würdiges zweites Leben. Letztlich geht es auch um den Respekt vor den Menschen, die die Teile designten, fertigten und später benutzten. Ein weiterer Treiber ist der Wunsch nach etwas Bleibendem. Unsere heutige Zeit ist geprägt durch viel Komfort und Funktionalität, aber auch durch Schnelllebigkeit und Vergänglichkeit. Auf Schrottplätzen findet man heute Autos, die zwischen 10 und maximal 20 Jahren alt sind und bei vielen fragt man sich, vor dem Hintergrund einem scheinbar fast intakten und dank Kunststoff und verzinkten Blechen nahezu rostfreiem Äußeren, warum keine Weiterverwendung möglich war. Die Gründe hierfür sind sicher mannigfaltig und reichen von Unfallschäden mit wirtschaftlichem Totalschaden über Abwrackprämien zur Stärkung der Automobilwirtschaft bis hin zum Erreichen von Lebensdauerenden bei Motor- oder Getriebeteilen. Wir hätten heute ohne große Mühe die technischen Möglichkeiten, sehr viel langlebigere Autos zu bauen, wollen es aber gar nicht. So weckt ein heute unbezahlbarer VW Bulli T1, der uns Kindern früher unendlich groß vorkam, aber tatsächlich kürzer ist als ein aktueller Golf bei vielen von uns gute, teils sentimentale Erinnerungen an eine Zeit mit weniger Komfort und Luxus, aber mindestens genauso viel Lebensfreude.

Der Tag als das Fernsehen kam

Am Tag als der Artikel über uns im Lokalteil unserer Zeitung erschien, rief mich mittags mein Sohn an und teilte mir ganz aufgeregt mit, dass der WDR gerade bei ihm angerufen habe und einen Beitrag über uns für das Fernsehen erstellen wollte.

Mir fiel spontan der legendäre Satz von Herbert Görgens (alias Ingolf Lück) ein: „Komm ich jetzt ins Fernsehen?" Mein Sohn sagte nur etwas wie „voll krasse Sache" und tat ansonsten ganz cool. Da ich selbst seit Jahren keinen Fernseher mehr besitze, weniger aus dogmatischen Gründen als aus Zeitmangel, fielen mir beim Stichwort WDR spontan neben der Maus noch fast schon vergesse Sendungen wie Hobbythek mit Jean Pütz oder der Telekolleg Mathematik ein. Die Älteren, das heißt Vertreter meiner Generation und ältere, werden sich daran erinnern, wie ein Herr mit Seitenscheitel und deutlich erkennbaren Anzeichen für Geheimratsecken entweder bekleidet mit Hemd und Pullunder oder dem allgegenwärtigen Rollkragenpullover Kurven diskutierte oder im Teil 2 Integrale und Ableitungen an einer Tafel erklärte.

Unvergessen sind natürlich auch vom WDR produzierte Klassiker wie Bio's Bahnhof, bei der Alfred Biolek, auch gerne mal mit dem unvermeidlichen Pullunder ausstaffiert, mit Gästen sprach und aktuelle Musik präsentierte. Er hatte später auch die aus meiner Sicht bis heute unübertroffene Kochsendung Alfredissimo, in der beim Kochen bereits reichlich Wein getrunken wurde, was mein Interesse an der Zubereitung kulinarischer Genüsse neue Impulse gab.

Ich hatte mir einen Tag Urlaub genommen und wir trafen uns mit dem Drehteam vom WDR auf einem Schrottplatz in Duisburg. Wir hatten dies vorgeschlagen, da wir hier in der Vergangenheit auf der Suche nach alten Autoteilen fündig geworden waren.

Zu den Fundstücken des Schrottplatzes gehörte unter anderem auch eine Radkappe, die den ansonsten schmucklosen Bürocontainer des Besitzers zierte. Neben einigen Radkappen, die er nach eigener Aussage vor Jahrzehnten aus den Vereinigten Staaten mitgebracht hatte und die ihr tristes Dasein in einem verstaubten Karton in einem Nebenraum fristeten, wurde uns auch diese Zierblende zum Kauf angeboten. Sie leuchtete uns goldfarben in der von Tabakrauch geschwängerten Luft des Machtschaltzentrums der Autoverwertung entgegen und wir konnten der Versuchung nicht widerstehen, sie ihm abzukaufen. Sie verkörperte den ganzen Stolz der amerikanischen Automobilbaukunst und hatte einst einen Ford Thunderbird veredelt. Zuhause angekommen fielen mir bei der ersten Grobreinigung in der Spüle im Keller die Worte des Schrottmoguln wieder ein. „Das Nikotin müsst ihr schon selber runterwaschen." Und tatsächlich, die Radkappe verlor bereits im ersten Waschgang ihre gleichmäßige goldene Farbe und erstrahlte nun in Silber. Gold gefiel uns zwar eigentlich besser aber nun ohne den Belag an Nikotin und Teer war sie fast genauso schön und ist seitdem die DNA unseres Projekts und natürlich unverkäuflich.

Der Schrottplatz war so, wie ich sie von früher kannte. Die ausrangierten Fahrzeuge waren ohne auf Anhieb erkennbares System in mehreren Lagen aufeinandergestapelt. Ein Stall mit Hühnern mitten zwischen den Schrottautos versorgte offenbar den Besitzer mit Eiern, die vermutlich nicht das Prädikat ökologische Freilandhaltung trugen. Hausherren von Schrottplätzen waren schon zu meiner Zeit neben Bademeistern, die ganz knapp unter Gott angesiedelten höchsten Autoritäten auf diesem Planeten. Auch auf diesem Duisburger Schrottplatz war der Besitzer die unantastbar höchste Instanz. Er trug eine tropfenförmige, zweifarbige Brille. Sehhilfen, die in ähnlicher Form heute wieder modern sind, von ihm aber offensichtlich seit den 80er-Jahren konsequent durchgetragen worden waren. Dauerwelle und Goldkette bedürfen an dieser Stelle keiner besonderen Erwähnung.

Der WDR hatte aus seinem Lokalzeitstudio drei Leute entsandt, einen der hören, eine die sehen und einen der sprechen konnte. Samt umfangreichem technischen Equipment stiegen die drei aus einem altem Mercedes. Unsere Aufregung legte sich etwas mit dem ersten persönlichen und sehr netten Kontakt. Wir hatten von Anfang an das Gefühl, in guten Händen zu sein und vertrauten auf die Erfahrung der Medienprofis. Die Kamerafrau hatte direkt Ideen für die ersten Einstellungen und so ging es zügig los. Alles war sehr spontan und ungeplant. Wir krabbelten mit dem teilweise schweren Equipment zwischen und über Schrottautos, um die besten Stellen zu finden.

Es stellte sich schnell heraus, dass die drei auch wie wir Benzin im Blut hatten und unsere Leidenschaft nachvollziehen konnten. Der „Regisseur" überraschte uns an einigen Stellen mit von ihm wohl vorbereiteten Fragen und schaffte es so, ein aus meiner Sicht authentisches Bild zu erzeugen. Während ich von der ganzen Aktion doch noch etwas beeindruckt war, sah ich, wie mein Sohn bereits die allgegenwärtige Kamera und das in Position gehaltene Mikrofon vergessen zu haben schien und darauf los plauderte wie ihm der Schnabel gewachsen war.

Der Betrieb auf dem Schrottplatz ging unterdessen unbeeindruckt weiter. Heute war offenbar Verschrottungstag. Hierzu war ein sehr großer Lastwagen vorgefahren, der selbst aussah als wenn das zeitliche Ende in greifbarer Nähe war. Um die Schrottautos in möglichst vielen Schichten auf das altersschwache Ungetüm stapeln zu können, mussten sie noch platter gemacht werden. Ich weiß nicht, ob die Forscher der Erdbebenwarte Bochum noch heute über die Ursachen für die seismischen Aktivitäten mit dem Epizentrum in Duisburg an diesem Tag rätseln, aber der vom LKW-Kran fallen gelassene, riesige Eisenklotz machte aus den einst stolzen Polo- oder Corsa-Fischen flache Flundern und ließ dabei den Boden in der Umgebung deutlich spürbar beben.

Die letzten Einstellungen von zwei komplett verrosteten Fiat 850–Karosserien waren im Kasten. Die Kollegen vom WDR waren zufrieden. Ich war noch etwas unsicher, ob die Szenen gelungen waren. Immerhin hatten wir Glück mit dem Wetter gehabt, denn trotz angesagtem Regen war es die ganze Zeit trocken geblieben. Naja, der Wetterbericht vom WDR stimmt ja auch nicht immer und hat bisweilen auch keine höhere Trefferquote als die Vorhersagen einer wetterfühligen Oma.

Der zweite Teil des Drehs fand dann bei uns Zuhause in Dinslaken statt. Nach der spontanen Idee der Medienprofis sollte dies mit dem Auftrennen eines Kanisters beginnen, den wir auf dem Schrottplatz gefunden hatten. Mein Sohn, der mich immer mehr erstaunte, nahm sich hierfür wie selbstverständlich Schutzbrille und Flex und startete seine Arbeit als Aktionskünstler vor laufender Kamera in der Garageneinfahrt. Das Objektiv blieb immer ganz nah dran.

Wir hatten vor einiger Zeit einen teaminternen Ideenwettbewerb gestartet und dabei festgelegt, dass Minibars aus Benzinkanistern ein weiteres Standbein neben unseren Radkappenuhren werden könnten. Die Erstellung einer derartigen Bar entwickelte sich als roter Faden für den Dokumentationsfilm. Wir hatten uns vor dem Termin mit dem WDR Gedanken gemacht, ob die ganze Geschichte nicht das Potenzial hatte in Richtung Doku-Soap wie bei den Ludolfs abzudriften. Unser Zuhause und vor allem wir selbst haben zumindest äußerlich keine Ähnlichkeit mit den Kultschrottplatzbetreibern, doch eine kleine Sorge war da. Obwohl, wenn ich an die Autoteile im Keller denke, bin ich mir nicht mehr so sicher. Das WDR-Team ging respektvoll und freundlich und dabei angemessen distanziert mit unserer Privatsphäre um, sodass sich alle Sorgen schnell auflösten.

Anschließend wurde der Drehort in den Keller verlegt. So langsam kam auch ich besser in Fahrt und wurde von meinem Sohn mitgerissen. Wir schraubten in unserer Mini-Werkstatt vor laufender Kamera an einer Kanisterbar. Es war sehr kuschelig mit 5 Personen auf 2

Quadratmetern in unserer „Schatzkammer", in der wir unter anderem Werkzeug und um die hundert Radkappen lagern. Weiter ging es im „Showroom", der alten Kellerbar, die vom Vorbesitzer des Hauses stilsicher in den 70er-Jahren eingerichtet worden war. Wir hatten das Haus einschließlich voll eingerichteter Bar übernommen mit alten Schnapsflaschen wie zum Beispiel einem Kümmerling Jahrgang 1974, den man problemlos auch als Möbelpolitur für die rustikale Einrichtung hätte benutzen können. Selbst der alte Perverserteppich kam medienwirksam ins Bild.

Nach insgesamt sechs Stunden war der Drehtag beendet. Die Medienprofis berichteten nüchtern circa drei Stunden Filmmaterial im Kasten zu haben. In meiner Fantasie sah ich einen mehrteiligen jeweils abendfüllenden Blockbuster zur Primetime. Diese Gedanken wurden nun unterbrochen vom zufriedenen Fazit des Regisseurs, dass man genügend Material für einen Beitrag in der Länge von 2 Minuten und 45 Sekunden habe. Na gut, auch große Filmkarrieren haben häufig mit kleinen Rollen angefangen.

Wenn du´s in die Lokalzeit Duisburg schaffen kannst, dann schaffst du´s überall.

Bilder von dir

Es war während unseres Camping-Urlaubs in Südtirol, genauer gesagt am 26. August 2019, als ich beim allmorgendlichen Besuch des kleinen Tante-Emma-Ladens das Bedürfnis hatte, neben dem frisch aufgeschnittenen Tiroler Speck und den Kümmelbrötchen auch das letzte Exemplar der Bildungszeitung zu erwerben. Das deutsche Druckerzeugnis mit einer langen Geschichte von aufgedeckten und eigenen Skandalen lag direkt neben der Kasse und die Verkäuferin mit dem landestypischen, eher herben Charme murmelte etwas von Kaas-Blattel. Ich blieb bei meiner Entscheidung und dachte, warum nicht wenigstens an einem Tag wie ein typisch deutscher Pauschaltourist oder hier besser passend als gestandener deutscher Gartenzwergkleingartencamper aussehen. Sie alle kennen vermutlich diese Camper, die es sich auf jedem Campingplatz so einrichten wie zuhause bzw. in der Kleingartenparzelle und samstags den Rasen mähen und die Hecke schneiden.

Es muss – und ich schwöre, dass es wahr ist – Jahre her sein, dass ich die BILD- Zeitung erworben hatte. Sie ist nach wie vor die auflagenstärkste Tageszeitung in Deutschland. In der Schule haben viele von uns das Buch „Die verlorene Ehre der Katharina Blum" von Heinrich Böll lesen müssen. Lehrer meiner Generation waren häufig Teil der 68er Studentenbewegung gewesen und Ihnen war es aus für mich nachvollziehbaren Gründen besonders wichtig, für einen kritischen Umgang mit Medien zu sensibilisieren. Das war aus meiner Sicht gut so und ich frage mich, wie in der heutigen Zeit des Internets und sozialen Netzwerke diese Themen in der Schule adressiert werden.

Für schnelle und anschauliche Informationen hat das Format der BILD eine gewisse Berechtigung. Die Macht der Informationsdarstellung und Reduzierung der Informationen auf Schlagzeilen sehe ich jedoch bis zum heutigen Tage kritisch. Ich finde allerdings auch, dass man mit dem Bewusstsein dieser Dinge, keinen Schaden nimmt, wenn man diese Zeitung gelegentlich liest.

Nachdem wir unseren Kaffee gekocht und es uns an unserem Campingtisch unter dem Sonnensegel vor dem Wohnwagen gemütlich gemacht hatten, begann ich die Schlagzeile und den kurzen Text über den verstorbenen Ferdinand Piech zu lesen. Interessant fand ich den Stammbaum der Autofamilien Piech und Porsche. BILD enthüllte außerdem, dass ein bisher verschwiegenes dreizehntes Kind aufgetaucht war.

Piech war als genialer Autokonstrukteur bei seinem Onkel Ferry Porsche in Zuffenhausen gestartet und von 1993 bis 2002 Vorstands- und bis 2015 Aufsichtsratsvorsitzender der Volkswagen AG gewesen. Der Artikel berichtete von einigen Geschichten aus seinem Leben und ich stellte mir vor, dass er bestimmt kein angenehmer Chef für viele seiner Mitarbeiter gewesen war.

Ich hatte mich gerade dem Sportteil zugewandt, als mein Handy mit einem kurzen Brummen den Eingang einer Nachricht verkündete. Mein Sohn, der sich zuhause auf die anstehenden Klausuren vorbereitete, schrieb, dass nach dem Fernsehbericht im WDR am Tag vor unserer Abfahrt in den Urlaub die BILD-Zeitung sich bei ihm gemeldete habe. Die kurze Nachricht schloss ab mit den Worten „Jetzt geht's los!!" Was immer das auch bedeuten sollte.

Ich sah auf die vor mir liegende BILD. Was für ein Zufall. Ausgerechnet heute. Schicksal, Karma oder einfach nur Zufall. Natürlich das Letzte, denn ich bin kein abergläubiger Mensch. Obwohl …

Ich rief meinen Sohn wenige Minuten später an. Neben den ganzen WhatsApp-Nachrichten und SMS geht doch nichts über das direkte Gespräch. Da bin ich manchmal - mein Sohn würde sagen immer – oldschool unterwegs. Ich teilte das Bedauern meines männlichen Nachkommens darüber, dass wir noch eine Woche, trotz dieser Nachricht, in Italien bleiben wollten, überhaupt nicht. Es war so herrlich entschleunigend auf unserem kleinen Camping-Platz. Ich hatte keine Sorge, dass das mit der BILD nicht noch etwas Zeit hätte und bat meinen Sohn doch einen Termin nach unserem Urlaub zu machen. Seine Begeisterung war grenzenlos.

Ich muss an dieser Stelle sagen, dass Kinder etwas Wunderbares sind. Ich möchte keine Sekunde mit meinem Sohn missen und liebe ihn wirklich über alles. Ich bilde mir ein, dass das zumindest ein wenig auf Gegenseitigkeit beruht. Anstelle eines Vorwurfs, dass ich noch im Urlaub verweile, wünscht man sich manchmal doch eher ein Verständnis oder – und das ist jetzt total verwegen – einen Satz wie: „Ich freue mich, wenn ich dich wiedersehe." oder „Erhole dich gut, du hast es dir verdient." Na ja, Kinder sind etwas Tolles. Das Schöne ist, wir waren alle mal Kinder. Mehr bleibt da nicht zu sagen.

Nachdem wir das Telefonat beendet hatten, kam mir der Gedanke ob neben der Chance in Bezug auf Werbung für unser kleines Unternehmen nicht auch Risiken lauern könnten. NRZ und WDR hatten unsere Geschichte ja bereits ausführlich erzählt. Was wollte die BILD jetzt noch berichten?

Gedanken in Bezug auf einen reißerischen Artikel mit Hintergrundinformationen zu unseren Privatleben schob ich erst mal beiseite. Wir hatten ja Urlaub.

Leo hatte einen Termin an einem Sonntag im September um halb Elf bei uns zuhause vereinbart, bis dahin war ja noch etwas Zeit. Er glaubte, ich hätte meine Frage, ob die rasenden Reporter auch Brötchen für das Frühstück mitbringen würden, nicht ernst gemeint.

Leo und sein Kumpel Phil hatten sich an diesem Sonntag für eine Vorbesprechung etwas früher angekündigt und ich stand noch unter der Dusche als der Erste von Beiden klingelte. Phil wirkte etwas aufgeregt und hatte sich die Haare besonders sorgfältig geföhnt. Mein Sohn erschien im T-Shirt mit Silent-Rim-Logo. Jede Zurückhaltung in Bezug auf Werbung schien aufgegeben.

Es war ein sehr schöner Spätsommertag, die Sonne schien und es war bereits angenehm warm. Wir waren gespannt und trotz aller Medienerfahrung etwas nervös.

Pünktlich um halb elf standen ein Reporter und ein Fotograf der Bildzeitung vor unserer Haustür. Der Berichterstatter grüßte mit einem freundlichen Glück-Auf und war uns auf Anhieb sympathisch. Es gibt keine zweite Chance für den ersten Eindruck.

Wir gingen durch das Wohnzimmer und platzierten uns direkt auf der Terrasse auf die wir bereits einen selbstgebauten Hocker aus einem alten DTM-Reifen als zusätzlichen Sitzplatz gestellt hatten. Das Gespräch startete mit lockerem Smalltalk und wir kamen schnell auf alle möglichen Autogeschichten zu sprechen. Es war für mich einmal mehr erstaunlich zu erleben, wie Menschen doch die Unzulänglichkeiten und Widrigkeiten des automobilen Alltags der Vergangenheit im Rückspiegel doch eher als bereichernde Erfahrung und zum Teil sogar romantisch und etwas sentimental betrachteten. Glück-Auf berichtete von Fahrten mit losem Fahrersitz mit seinem alten FIAT vom Ruhrgebiet in seine Studentenstadt Münster. Wir plauderten alle munter drauf los und ich sah, wie der BILD-Mann sich ab und zu Notizen in seinem kleinen Block machte. Wir berichteten von unseren Erlebnissen mit Menschen die unsere Produkte kaufen und vor allem auch mit unseren Schrottplatzerfahrungen.

Von unseren Produkten und uns wurden auf der Terrasse und in unserem kleinen „Showroom" im Keller gefühlt hunderte Fotos gemacht, von denen schließlich eins verwendet werden sollte. Es war für mich einmal mehr erstaunlich, welch geschulter Blick eines Fotografen für Perspektiven und Beleuchtung zu wirklich schönen und interessanten Aufnahmen führt.

Nach insgesamt zwei Stunden, die wie im Fluge vergingen, verabschiedeten sich die beiden Zeitungsleute und wir waren gespannt, was sie aus den ganzen Geschichten und Informationen über uns und unser Projekt machen würden.

Bereits zwei Tage später erschien der Artikel – der Reporter hatte dies freundlicherweise am Tag davor bei meinem Sohn angekündigt - und BILD stellte den Anspruch auf Aktualität damit unter Beweis. Ich fuhr morgens um sieben direkt zur Tanke und reihte mich in die Schlange der Handwerker ein, die ihre Transporter mit Diesel und sich selbst mit Zigaretten und Brötchen versorgt hatten. Der eine oder andere trug beim Verlassen des Tankstellen-Supermarkts auch eine BILD unter dem Arm. Ich nahm ein druckfrisches Exemplar aus dem Zeitungsständer und blätterte es etwas aufgeregt durch bis ich den Regionalteil Ruhrgebiet/Westfalen aufgeschlagen hatte.

Tatsächlich, drei mir sehr vertraute Gesichter lachten mir entgegen. Das Bild war groß, zeigte neben uns auch einige unserer Produkte und der Text überschaubar lang aber treffend. Für mich, dem lange Artikel in großen Tageszeitungen häufig zu wenig auf den Punkt kommen, genau richtig. Ich kaufte mit ein wenig Stolz drei Exemplare und fuhr zufrieden nach Hause.

Für meine Mutter war der Artikel in der BILD von höherem Stellenwert als ein Fernsehbericht im WDR. Zum ersten Mal hatte ich das Gefühl, dass sie unserem gemeinsamen Hobby eine richtige Aufmerksamkeit schenkte. Es ist interessant welche Strahlkraft diese Zeitung offensichtlich auch heute noch in weiten Teilen unserer Gesellschaft hat.

Ich erinnerte mich daran, dass meine Eltern so lange ich denken kann, die lokale sauerländische Tageszeitung abonniert hatten und ich daher auch mit dem allmorgendlichen Lesen dieses Blattes beim Frühstück groß geworden war. Ganz früher ließ man sich die Zeitung auch schon mal in den Urlaub nachsenden und konnte dann mit einigen Tagen Verzögerung lesen, wer Schützenkönig geworden war oder welche Produkte in dieser Woche beim Discounter im Angebot waren ohne eine Chance zu haben diese zu erwerben. Verrückt!

Die BILD-Zeitung kaufte mein Vater schon mal sonntags oder im Urlaub. Mir ist sie daher seit meiner Kindheit nicht unvertraut. Heute lebe ich sehr gut ohne Tageszeitung und vor allem ohne den Zeitklauer Fernseher. Ich bilde mir ein, über kostenfreie Apps von Zeitungen und Zeitschriften und gelegentlichem Schauen von Nachrichtensendungen oder Beiträgen aus den Mediatheken der Fernsehsender auf meinem Tablet ganz gut informiert zu sein. Mir fällt heute auf, dass Informationen und Meinungen teilweise nicht besonders differenziert sind. Ich muss an dieser Stelle auch sagen, dass verharmlosende oder gar unterlassene Berichterstattung, wie z.B. über die Kölner Silvesternacht 2015, journalistische Sünden sind. Ich brauche keine Bevormundung und möchte mir meine Meinung schon gerne selbst bilden. Bereits die Auswahl der Themen ist letztendlich Meinung und beeinflusst. Aus diesem Grund hat auch eine BILD-Zeitung eine große Verantwortung aber auch Daseinsberechtigung als Bereicherung der Pressevielfalt.

Wenn du's in die BILD schaffen kannst, dann schaffst du's fast überall.

Wenn du ein Schiff bauen willst

Wie viele von uns wurde auch ich in der Schule genötigt, den kleinen Prinzen zu lesen. Mir ist außer dem Bild wie die Schlange den Elefanten gefressen hat, nicht besonders viel in Erinnerung geblieben. Überhaupt fragt man sich, ob unsere Kinder in unseren Schulen die wichtigen Dinge vermittelt bekommen, aber das wäre sicher ein eigenes Buch wert. Vielleicht sollte man als erste ad-hoc-Maßnahme mal die richtigen statt der falschen Punkte in Klassenarbeiten markieren.

Ein Zitat aber von Antoine de Saint-Exupéry wurde mir vor kurzem durch einen guten Freund wieder in Erinnerung gebracht: „Wenn du ein Schiff bauen willst, dann trommle nicht Männer zusammen um Holz zu beschaffen, Aufgaben zu vergeben und die Arbeit einzuteilen, sondern lehre die Männer die Sehnsucht nach dem weiten, endlosen Meer."

Visionen sind aus meiner Sicht unverzichtbar, wenn man etwas bewegen möchte, auch wenn Helmut Schmidt einmal sagte, dass wer Visionen habe besser damit zum Arzt gehen sollte. Sie sind für jede Arbeit in Gruppen und natürlich auch jedes Unternehmen essentiell wichtig. In den 1960er Jahren war die Vision der NASA einen Menschen bis zum Ende des Jahrzehnts auf den Mond zu bringen. Es wird erzählt, dass der damalige Präsident der Vereinigten Staaten bei einem Rundgang durch die Hallen in Cape Canaveral einen Arbeiter ansprach. Dieser war gerade damit beschäftigt, den Boden einer Halle zu fegen. Auf die Frage von JFK, was genau seine Aufgabe sei, antwortete der Mann mit voller Überzeugung und Selbstverständlichkeit: „Ich helfe mit, dass wir einen Menschen zum Mond bringen." Das ist Motivation durch eine gemeinsame Vision in Vollendung.

Jetzt sind wir nicht die NASA und die ganze Silent-Rim-Idee ist aus einer Stimmung heraus entstanden, praktisch eine Schnapsidee in Bierlaune. Für jeden von unserem Team hat die ganze Aktion sicher unterschiedliche Motivationsquellen. Mein Schiff, um im Bild von Saint-Exupéry zu bleiben, ist etwas gemeinsam mit meinem Sohn zu unternehmen und in einem Team herauszufinden, wie weit man dieses Experiment mit ausschließlich Freude und positiver Energie treiben kann. Es ist immer wieder erstaunlich zu erfahren, wie eine Sache, in die man viel Arbeit steckt, gleichzeitig mehr positive Energie zurückgibt. Ich glaube, ich wollte die Erfahrung für mich und die vier Anderen.

Die altpreußische Weisheit: *Erst die Arbeit, dann das Vergnügen* offenbart die aus meiner Sicht völlig falsche Grundhaltung, die nach wie vor Teile unseres Lebens und vor allem unser

Schulsystem prägt. Natürlich ist das stumpfe Erlernen von Vokabeln auf den ersten Blick keine wirklich spannende Sache und welch fatale Erkenntnis, dass ich heute sage, dass ich bei den Lehrern, die am strengsten und preußischsten waren, am meisten gelernt habe. Die Motivation hier war aber eher negativ und bestand hauptsächlich in der Angst schlecht benotet oder gar vor versammelter Klasse lächerlich gemacht zu werden. Geradezu absurd ist da der Gedanke, bei Kindern die Neugierde auf andere Länder, Kulturen und Sprache zu wecken, um hierüber zum Erlernen einer Fremdsprache zu motivieren. Sich zum Beispiel im Urlaub mit Kindern aus anderen Nationen verständigen zu können, wäre ein ganz konkreter Vorteil. Auch wenn die von Shakespeare in altenglischer Sprache erzählte Geschichte von Macbeth, die auf historischen Ereignissen Schottlands des 11. Jahrhunderts basiert, durchaus spannend und dramatisch ist, bereitete mich der Englisch-Leistungskurs nicht wirklich gut auf das weitere Leben vor. Wichtiger wäre es aus meiner Sicht die Kommunikationsfähigkeiten in moderner englischer Sprache zu fördern. Dies hätte es beispielsweise leichter gemacht, auf Mallorca mit krebsrot verbrannten Einwohnern der englischen Insel in Kontakt zu treten und klar zu machen, dass es nicht gewünscht ist, mit Morgenlatte am Pool zu stehen oder in das Kinderbecken zu reiern.

Es gab aber auch schon zu meiner Zeit die coolen Lehrer, bei denen man gerne in den Unterricht ging. Hier wurden Inhalte mit Spaß vermittelt. Ganz weit vorne war sicher auch der Mathekurs bei Werner R., der, was mir damals nicht so bewusst war, am Anfang seines Berufslebens stand und somit kaum älter war als wir zukünftigen Abiturienten. Bei einem oder zwei meiner Klassenkameraden bin ich mir bei der Aussage in Bezug auf das Alter aufgrund mehrerer Ehrenrunden allerdings gar nicht mehr so sicher. Mit Werner tranken wir abends auch schon mal ein Bier oder spielten Billard und lernten trotzdem Mathe und zusätzlich etwas für das Leben.

Nach strenger Definition ist unsere Silent-Rim-Geschichte eher ein Experiment und kein Projekt, da es keine klaren Ziele in Bezug auf Kosten, Termin und Qualität hat. Vor allem gibt es keine zeitliche Befristung. Dennoch hat unsere Arbeit projekthaften Charakter, da wir Teilziele gemeinsam definieren und Verantwortlichkeiten zuordnen. Nach mehr als 25 Jahren Berufserfahrung im Anlagenbau glaube ich einiges an Erfahrung gesammelt zu haben und lerne doch jeden Tag dazu. Auch in der Schule gab es früher Projektwochen, an die ich nur sehr schwache Erinnerungen habe. Im Wesentlichen bestanden sie aus einer einwöchigen Übergangzeit vor den Sommerferien und hatten die Aufgabe die gestressten Lehrkörper sanft vom Halbtagsjob auf das Nichtstun zu entschleunigen. Auch während meines Maschinenbaustudiums an einer technischen Hochschule spielte das Thema Projektarbeit, wenn überhaupt, eine sehr untergeordnete Rolle. Studien- und Diplomarbeiten kann man sicher als Projekt bezeichnen, werden aber hauptsächlich selbstständig und mit einem Betreuer, der ausschließlich die Fehler markierte (da haben wir es wieder), erstellt.

Projektarbeit im Team habe ich erst mit Anfang meines Berufslebens richtig kennen und schätzen gelernt. Die praktische Erfahrung wurde dabei durch viele Seminare unterstützt, die mir, als Maschinenbauer mit kariertem Hemd, erst die Augen für die Bedeutung der nichttechnischen Aspekte der Zusammenarbeit öffneten.

Mit unserer Hobby-Unternehmung haben wir natürlich ideale Voraussetzungen und leichtes Spiel. Und das stimmt auch. Alles was wir machen, ist freiwillig und wir machen es ohne Druck und mit viel Freude. Grundsätzlich ist es aber auch anzustreben, dass der „richtige" Job überwiegend Spaß macht und man einen Sinn darin findet. In Bezug auf unsere Arbeit im Team machen wir vieles richtig, wenn gleich es sicher noch Luft nach oben in einigen Punkten gäbe. Ich wäre nicht Ingenieur, wenn ich diese Einschränkung nicht gemacht hätte. Ich möchte an dieser Stelle nicht die guten Tipps und

Ratschläge aus Projektmanagement-Büchern oder Seminaren aufzählen, sondern einige Punkte, die für mich besondere Bedeutung in unserer Teamarbeit haben, herausstellen:

Heterogenität und gegenseitiger Respekt

Unsere Unterschiedlichkeit macht das Leben bunt und interessant. Stellen Sie sich mal vor, alle wären wie Sie. Auf den zweiten Blick wird Sie das bei ehrlicher Betrachtung eher abstoßen. Wir sind ein total heterogener Haufen mit Interessens- und Neigungsschwerpunkten von Technik, Design, Mode, sozialer Arbeit bis IT. Was uns vereint, ist das Interesse an diesem Projekt, allerdings aus unterschiedlichen Motivationslagen. Wir treffen uns zu gemeinsamen Werkstattbesprechungen und diskutieren auf Augenhöhe über neuste Prototypen oder die nächsten Aktionen. Jeder wird gehört. Entscheidungen werden nach teils heftigen Diskussionen gemeinsam getragen. Erfolg und Misserfolg sind eine kollektive Verantwortung.

Spaß und Kommunikation

Wie gesagt, Spaß ist bei uns einfach zu haben. Kommunikation ist im Zeitalter von Medien wie zum Beispiel WhatsApp deutlich simpler und schneller geworden. Wir übertreiben an einigen Stellen sogar damit. Das beste Beispiel ist meine Mutter. Ich erinnere mich an eine Diskussion meiner Eltern, vermutlich weil meine Mutter mir mehrfach davon erzählte, in der es in den 70er Jahren darum ging, ob unsere Familie einen Telefonanschluss bräuchte. An dieser Stelle fällt mir der Spruch ein: „Die Steinzeit ist nicht zu Ende gegangen, weil es keine Steine mehr gab." Meine Mutter konnte sich Gott sei Dank durchsetzen gegen die grundsätzlichen Bedenken und zwischenzeitlich ins Spiel gebrachte Forderung meines Vaters, dass nur der Name meiner Mutter verbunden mit dem Zusatz Hausfrau seine Eintragung ins örtliche Telefonbuch finden sollte. Mein Vater, der meine Mutter sehr liebte und ihr ansonsten fast jeden Wunsch erfüllte, ging später dazu über, unser Telefon, natürlich mit Festnetzanschluss, denn das Internet war noch nicht erfunden und wir waren trotzdem grundsätzlich schon lebensfähig, als permanent freizuhaltende Noteinrichtung zu bezeichnen. Er tat dies insbesondere wenn er mal bei uns zuhause von der Arbeit anrief und das Besetztzeichen tutete oder er – und das kam nicht so selten vor - selbst irgendjemanden anrufen wollte. Das Telefon hatte natürlich eine Wählscheibe und ich werde niemals das Gesicht meines Sohnes vergessen, als er im Alter von sechs Jahren erstmalig ein altes Telefon dieser Bauart versuchte zu bedienen und auf die Zahlen der Wählscheibe drückte ohne zu drehen und ohne das etwas passierte. „Elektriktrick" hätte Catweazle in der gleichnamigen Fernsehserie der 70er Jahre gesagt. Meiner Mutter hatten wir zu ihrem 75. Geburtstag ein Smartphone geschenkt als Ersatz für ihren alten Mobilfunkknochen. Nach anfänglich großer Skepsis und etwas unbeholfenem Drücken auf der Tastatur bedient sie mittlerweile das Smartphone mit großer Sicherheit und Intensität, wenn man von gelegentlichen Nachrichtenirrläufern mal absieht. Es geht sogar so weit, dass man sie daran erinnern muss, dass der alte Reflex, das Telefon bimmelt und ich muss rangehen, bei den meisten WhatsApp-Nachrichten nicht unbedingt und unverzüglich nachzukommen ist.

Für unsere Gruppe ist es jedoch ein ideales Medium, um alle auf den gleichen Informationsstand zu halten und das ist sehr wichtig. Botschaften über Erfolge und Misserfolge werden so unmittelbar geteilt.

Loben

Viele Unternehmen achten darauf, dass sich ihre Mitarbeiter regelmäßig fortbilden und das ist grundsätzlich lobenswert. In den letzten Jahren werden auch vermehrt spezielle Feedback-Kurse angeboten, in denen man einen eigentlich normalen menschlichen Umgang erlernen soll. Eine scheinbar komplizierte Sache ist doch im Grunde ganz einfach. Wenn etwas Mist ist, muss man´s natürlich immer wertschätzend sagen können, aber wir brechen uns verdammt nochmal keinen Zacken aus der Krone einen anderen zu loben, vielleicht sogar für eine Idee, die besser war als die eigene. Wir bekommen das in unserem Team meist ganz gut hin und sprechen darüber, wenn das mit dem Feedback mal nicht so hingehauen hat. Geht doch!

Marketing

Neben der Teilnahme am Dinslakener Kunsthandwerkermarkt hatten wir bei gelegentlichen Treffen in unserer Kellerbar noch weitere Strategien ausgeheckt, wie wir unsere Produkte an Mann oder Frau bringen konnten. Mein Sohn und sein Kumpel Phil waren hier ganz weit vorne und legten die Grundsteine für ein erfolgreiches Marketing. Angesichts der bisher doch überschaubaren Anzahl an verkauften Uhren erschienen mir in meiner geistigen Kleinkariertheit diese Maßnahmen doch anfangs eher etwas übertrieben, doch der Ansatz der jugendlichen Dynamik zeigte sich später als der Richtige.

Online-Plattformen sind gleichzeitig Fluch und Segen unserer Zeit. Ganze Innenstädte veröden mittlerweile, da sich viele alteingesessene Fachgeschäfte, die hinter vergilbten und seit Generationen hängenden, kristallinen Gardinen, ähnlich zu lokalen SPD-Parteibüros in Duisburg, Elektrogeräte oder Kurzwaren, zum Verkauf anboten und sich nicht gegen den Online-Handel behaupten konnten. Die Generation an Kunden, die die absolut fachkompetente Beratung beim Erwerb eines Staub saugenden Kobolds schätzen, stirbt langsam weg. Neue Konzepte anstatt Preiswettrennen sind hier gefragt. Ich habe kürzlich beispielsweise von einem Schuhgeschäft erfahren, welches Herren mit einem Whisky Tasting im Laden für den Kauf teurer Schuhe begeistern will. Sicher eins von vielen erfolgversprechenden Konzepten, um sich gegen den Onlinehandel zu behaupten.

Meine Eltern hatten die sachkundige Beratung in Fachgeschäften, bevor die Geiz-Ist-Geil-Läden öffneten, häufig in Anspruch genommen. Ich erinnere mich noch daran – und ich muss so um die zehn Jahre alt gewesen sein – wie meine Eltern sich in einem Elektrofachgeschäft eine Grundig-Stereoanlage zugelegt hatten. Für derart bedeutsame Einkäufe fuhren wir aus dem beschaulichen, sauerländischen Werdohl in die Metropole Hagen, oft auch als Tor zum Sauerland bezeichnet. Damals war Grundig noch Grundig und produzierte in Deutschland. Eine derartige Anlage war damals in jedem zweiten Haushalt anzutreffen und bestand aus Plattenspieler von Dual, Kassettenrekorder und Radio. Bedient wurde dieses, aus dem vollen gearbeitete Gerät mit Bedienelementen, die nicht kleiner waren als die Hauptschalter eines manchen Kraftwerkblocks. Üblicherweise thronte die Grundig-Stereoanlage in einem gusseichernen Wohnzimmerschrank, der für mindestens fünf Generationen in seiner Lebensdauer konzipiert war. So war es auch bei uns und sie steht noch heute dort und überdauert alle Zeiten.

Als der Stolz der Familie dann in Betrieb gesetzt wurde, machte sich mein Vater sogleich daran, die Aufnahmefunktion des Kassettendecks zu testen. Vorbei waren die Zeiten als man mit dem Mikrofon vor dem Blaupunktradio stand und jeder die Luft bei einer Aufnahme mit dem Kassettenrekorder anhalten musste. Das gleichzeitige Drücken der handtellergroßen Start- und Aufnahmetasten des Kassettenteils der Grundiganlage unter gleichzeitigem Abpassen des Ende des Geblabbers des Fachmoderators der sonntäglichen Musiksendung des WDR ließen meinen Vater langsam verzweifeln. Seine Ausbeute nach drei Stunden intensiver Bemühungen kniend vor der Musikanlage war eine Aufnahme des seinerzeitigen beliebten Titels Heidi, allerdings auf Italienisch.

Ich, in der Generation aufgewachsen, die sich die elektronische und Internet-Welt mühsam erarbeitet hatte, kannte natürlich Onlineplattformen und die Möglichkeiten Produkte, häufig leider günstiger als im Fachhandel, zu erwerben. Verkaufen im Internet war für mich eher ungewohnt. Ich hatte vor vielen Jahren mal einen Satz Winterreifen auf Felgen für den Auktionsstartpreis von 1 Euro abgeben müssen und dem glücklichen Käufer noch freundlich beim Einladen geholfen und seitdem eher einen Bogen darum gemacht.

Amazon bietet für Kunsthandwerker eine Verkaufsplattform mit dem Namen Amazon Handmade an. Hier wollten wir drauf. Schon die Anmeldung - und wir waren ja vom Gewerbeamt einiges gewohnt – gestaltete sich zunächst schwierig. Die Frage nach einer Beschreibung unserer Fertigungsstätte machte uns beispielsweise etwas Kopfzerbrechen. Schließlich fotografierten wir das, was es war, einen Arbeitstisch mit Akkuschrauber und Radkappe in unserem Keller. Es ging weiter mit Fragen nach Größe der Fertigungsstätte, Anzahl der Mitarbeiter und so weiter. Als wir uns durch die Anmeldeformulare geackert hatten, garnierten wir das Ganze mit einem Selfie von Leo und mir vom Kunsthandwerkermarkt. Und dann ENTER. In der gleichen logischen Sekunde erschien eine Fehlermeldung und wir ahnten noch nicht, dass deren Behebung die nächsten acht Wochen intensive Arbeit kosten würde. Unser schriftliches Bitten an Amazon nach Beistand wurde nicht erhört. Jedenfalls kamen als Antworten immer wieder Fehlermeldungen ähnlichen Inhalts.

Im weiteren Fortgang des kleinen Dramas hatten wir einige YouTube-Videos von Menschen gesehen, die ähnliches erlitten hatten wie wir und deren Zustand man ohne Übertreibung als verzweifelt bis suizidgefährdet bezeichnen konnte. Wir wurden schließlich fündig mit einer Telefon-Hotline-Nummer. Die Rettung schien greifbar nahe. Nachdem zwischenzeitlich auch meine Kauffunktion deaktiviert war und ich nach siebzehnmaliger Vergabe verschiedener Passwörter den Überblick verlor, war dies auch überlebenswichtig. Ich wählte die Nummer und hatte tatsächlich einen richtigen Menschen am Telefon. Vermutlich – und so muss ich im Nachhinein sagen – handelte es sich dabei aber doch nur um das Auslaufmodell eines Cyborgs, also eines Mensch-Maschine-Mischwesens, dessen Hardware mit dem aktuellen Hotline-Softwarepaket nicht mehr kompatibel war. Der Cyborg verwies mich – ohne emotionales Verständnis für meine ausweglose Lage – an eine Telefonnummer in Großbritannien. Ich bin fest davon überzeugt, dass es hier eine direkte Weiterleitung nach Indien gab, denn es meldete sich Ranjid, der in meinen Gedanken mit Schlappen vor der Feuerstelle in einer kleinen Hütte am Rande von Mumbai saß, Tee trank und allein das weltweite Verkaufsnetz von Amazon Handmade betreute. Hier wurde mir geholfen. Ich weiß bis heute nicht, wo genau das Problem lag. Vermutlich gab es irgendeine Überschneidung des neuen Verkaufsaccounts mit meinem seit langem bestehenden Käuferkonto. Egal, das Problem war auf einmal weg und wir konnten unsere Produkte einstellen. Nochmal danke an Ranjid.

Wir hatten noch weitere Marketingpfeile in unserem Köcher. Naheliegend war für uns auch das Ausstellen unserer Produkte in örtlichen Geschäften und Lokalen zum beidseitigen

Vorteil, der dekorativen Ergänzung der Geschäfte und dem Werbenutzen für uns. Unsere Wahl fiel auf ein Bekleidungsgeschäft und eine Pizzeria. Die Pizzeria wird von originalen Italienern betrieben, leicht zu erkennen an ihrem Habitus, deren Teigfladen tatsächlich wie richtige Pizza schmecken und nicht den Geschmack von vielen „Bringepizzen" haben, bei denen man sich nie so ganz sicher ist, wo die Pizza aufhört und wo der Karton anfängt.

Allerdings machte uns die in Italien als Kulturgut geschützte und staatlich geförderte Tradition des Einbetonierens der unteren Extremitäten bei Missfallen von Produkten anfänglich etwas Sorgen. Das stellte sich bisher als völlig unberechtigt heraus. Mittlerweile hängen dort drei Uhren in den Italienischen Farben, allerdings Mercedesradkappen, denn wir hatten nicht genügend FIAT-Radkappen, die das Alter von Oldtimern erreicht hatten.

Instagram und Co.

Neben den üblichen Wehwehchen beim allmorgendlichen Kaltstart bis zum Zeitpunkt, an dem die Betriebsflüssigkeiten des Oldtimers nach langsamem Warmfahren ausreichend erwärmt wurden, gibt es noch andere Erlebnisse, an denen man feststellt, dass man älter wird. Bei mir als Internetlegastheniker und interessiertem Laien gehört hierzu sicher die Welt der Sozialen Netzwerke und hier insbesondere Instagram.

Mir ist es suspekt, wenn Google mir nachmittags eine Nachricht sendet mit dem Inhalt, dass auf meinem Weg nach Hause mal wieder zwanzig Minuten Stau sind. Woher weiß der Arsch wann ich Feierabend mache und wo ich wohne?

Selbstverständlich hatte uns die Nintendo-Generation unseres Teams, Phil als weltbester IT-Spezialist war hier ganz weit vorne, auch sehr frühzeitig mit einem Account bei Instagram beglückt. Ich meldete mich aus Neugierde natürlich auch an.

Der von mir an anderer Stelle in diesem Buch erwähnte Wunsch des stärkeren gegenseitigen Feedbackgebens wird hier auf die Spitze getrieben. Es wird geliked und kommentiert was das Zeug hält. Rasch ist man auch mit Leuten verbunden, die man nie kennenlernen wollte. Durch viele Likes wird man automatisch interessanter und wenn man es schafft, sich mit jemandem zu verlinken, der viele Verfolger hat, hat man praktisch gewonnen.

Der Dalai Lama hat auf Instagram 1,4 Millionen Follower und folgt selbst keinem. Das nenn ich selbstbewusst und cool. Ich habe gerade gelesen, dass der ehemalige Dienstwagen des Dalai Lama, ein Land Rover Baujahr 1966, für 130.000 Euronen versteigert wurde. Ganz ehrlich, den Dalai-Lama-Landie hätte ich dem Golf V von Joseph Ratzinger, Papst im Ruhestand, in jedem Fall vorgezogen, auch wegen des Fahrzeugs, aber hauptsächlich wegen des Vorbesitzers. Spontan kommt mir die Frage, ob der buddhistische Führer sich nicht für Radkappenuhren interessieren könnte. Was für ein cooler Move wäre das denn?

Weniger cool dafür aber trickreich ist die Möglichkeit, sich Likes zu kaufen. Für zehn Euro bekommt man tausend Likes. Wie muss ich mir das vorstellen? Sitzen da Omas, die früher Tischdecken Socken für die Enkelkinder gehäkelt haben, jetzt im Ohrensessel, legen die Hörzu zur Seite und drücken bei Instagram auf Bestellung Likes? Wir müssen alle verrückt sein!

Mir ist die Welt der sozialen Medien nach wie vor etwas unheimlich. Früher und aufgepasst, der Onkel erzählt etwas Wichtiges, gab es noch einen Datenschutzbeauftragten. Ich glaube, das hat man zwischenzeitlich komplett eingestellt bzw. aufgegeben. Mein Sohn sagt an dieser Stelle immer, dass es sowieso egal ist, weil sie – wer auch immer das alles ist – sowieso alles von uns wissen. Ich kann da nur staunen und fühle mich alt aber irgendwie auch nicht schlecht dabei.

Ich erinnere mich noch an die letzte Volkszählung und ich meine nicht die in Bethlehem, sondern die während meiner Studentenzeit in den Achtziger-Jahren des letzten Jahrhunderts. Damals gab es einen riesigen Aufschrei in der Bevölkerung, Diskussionsrunden im Fernsehen und viele Protestaktionen. Die Apokalypse war in Sichtweite.

Warum gibt es das heute nicht? Wir wissen doch mittlerweile gar nicht mehr, wer alles in Deutschland lebt und vor allem was diese Instagrams und Co. alles mit unseren Daten machen. Ich will nicht regelmäßig unaufgefordert Werbung für ein Produkt bekommen, was ich irgendwann mal aufgerufen habe. Mir gehen aufdringliche Verkäufer in Geschäften auf den Sack aber was da im Internet los ist, ist doch der Gipfel der Dreistigkeit.

Gestern habe ich gelesen, dass unsere modernen Autos fleißig Daten über unsere Routen und Fahrweisen sammeln. Ich kann mich nicht daran erinnern, hierfür eine Einwilligung gegeben zu haben. Es gibt zum Glück tatsächlich noch Menschen, die sich hierüber Sorgen machen.

Mein Sohn hat resigniert, was wahrscheinlich gesünder ist. Mir macht es große Sorgen, dass wir alle transparent sind. Sorry!

Ritterzeit

Motiviert durch das positive Feedback auf dem Kunsthandwerkermarkt in Dinslaken wurde von uns schnell der Entschluss gefasst, die weitere Welt mit unseren Produkten zu beglücken. Nichts geht über das direkte Verkaufserlebnis und den unmittelbaren Kontakt mit Kunden.

Nach ausgiebigem Stöbern auf einschlägigen Internetseiten fiel unsere Wahl auf einen Handwerkermarkt in Gladbeck im Wasserschloss Wittringen. Man muss den Kunden da treffen, wo er sich gerne aufhält. Der Kontakt mit dem Veranstalter war etwas sperrig, was aus meiner Sicht ausschließlich daran liegen konnte, dass unsere Aktivitäten sich noch nicht bis hierhin herumgesprochen hatten. Der Nachteil von Handwerkermärkten ist, sie beginnen früh, genauer gesagt zu früh. Als der Wecker sonntags um sieben Uhr klingelte, dachte ich zunächst, dass der frühe Vogel mich mal kann, aber dann besann ich mich unserer Mission und wir machten uns fertig und packten das Auto mit reichlichen Mengen unserer Kunstprodukte.

Die Sonne sollte den ganzen Tag von einem wolkenlosen Frühjahrshimmel scheinen. Er wäre geradezu ideal gewesen, um eine Radtour zu machen, das Motorrad aus dem Winterschlaf zu holen oder einfach im Garten zu sitzen. Wir hatten aber Größeres vor und schoben diese profanen Gedanken beiseite.

Beladen mit zwei Kisten Radkappenuhren, Tapeziertischen und dem bewährten Birkenast standen wir dann vor der steinernen Brücke des altehrwürdigen Gemäuers. Das Wasserschloss passte so in meiner Vorstellung überhaupt nicht zu Gladbeck, einer Stadt, deren Bekanntheit und Image bis heute leider maßgeblich durch die Verbrechen der beiden Geiselgangster geprägt wurde. Das Wasserschloss ist ein wunderbares altes Gemäuer aus lange zurückliegenden und besseren Zeiten, zumindest für ihre damaligen Besitzer. Bestimmt hatte Walther von der Vogelweide hier zu den lieblich Klängen einer Laute einige Gedichte zum Besten gegeben.

Draußen, vor dem herrschaftlichen Anwesen, wurden bereits einige Stände aufgebaut und ich dachte nur, welch ein Glück die Kollegen Heimbastler doch hatten am heutigen Tag an der freien Luft stehen zu können. Es gab hier auch kulinarische Attraktionen, wie z.B. einen Stand, an dem Schinken und Würste angeboten wurden. Im Laufe des langen Tages sollte ich später kurzzeitig schwach werden und eine geräucherte Wurst mit dem vielsagenden Namen Kaminwurz zum Verzehr erwerben. Dieses Produkt nach dem Originalrezept eines mittelalterlichen Metzgermeisters war in seiner Konsistenz vergleichbar mit einem Hartgummireifen und seine im Mund nach reichlich Einspeicheln und Zermahlen entstandenen Stückchen setzten sämtliche Zahnzwischenräume zu. Nur ein kleiner Teil schaffte es tatsächlich in den Verdauungstrakt. Es handelte sich offenbar um eine Art Hohlraumversiegelung, deren Einsatz mit Sicherheit auch vorteilhaft zur Verhinderung von Korrosion bei Oldtimern wäre. Reste der Hartgummiwurst wurden mir erst einen Monat später bei einer professionellen Zahnreinigung schmerzhaft entfernt.

Wir folgten weiter den Schildern des Handwerkermarktes, die sowohl Aussteller als auch Besucher in das Innere des Schlosses führten. Besucher mussten dort einen Eintrittsobolus entrichten um in den Genuss der angebotenen Künste zu kommen.

An die ersten Worte des Organisationsehepaares aus der Nachbarstadt Gelsenkirchen, die uns sinngemäß begrüßten mit: „Ach Sie sind diejenigen mit den alten Autoteilen. Da sind wir ja mal gespannt wie das hier ankommt..." sollte ich mich später noch erinnern. Wir fühlten uns an diesem Tag nicht wirklich willkommen und genießen es heute umso mehr, wenn wir von Veranstaltern anderer Märkte eingeladen werden.

Dann gingen wir eine Holztreppe ins Obergeschoss des Schlosses hinauf und betraten den Rittersaal. Mein lieber Scholli, was für ein stilvoller Rahmen für einen prächtigen

Kunsthandwerkermarkt. Wir schritten der Umgebung angemessenen über das knarzende Parkett zu dem uns zugewiesenen, handtuchgroßen Platz und fingen, angespornt durch das emsige Treiben unserer Mitstreiter, sogleich an, unseren Verkaufsstand aufzubauen. Wir packten die Radkappenjuwelen aus den Umzugskartons, montierten die Uhrwerke und stellten die Zeit ein, 09:30 Uhr. Die Uhren funkelten auf dem schwarzen Samt und sahen tatsächlich sehr edel aus.

Als wir unseren kleinen Verkaufsstand aufgebaut hatten, sah ich mich ein wenig um, denn der Markt sollte erst um 10 Uhr öffnen. Es ist ja immer von Vorteil den Wettbewerb zu beobachten. Viele Vattis trugen leere Kisten und Kartons um sie in die vor dem Schloss geparkten Kombis zu packen, um dann vermutlich in aller Ruhe und ohne Störung den Tag des Herrn allein auf dem Sofa zu verbringen.

In einer Ecke des Rittersaals standen mit Tüchern verhüllt die Werke eines lokalen Künstlers. Davor ein Schild mit einem strikten Verbot Fotos zu machen. Entweder war das ein genialer Werbetrick um die Produkte interessanter zu machen oder sie waren so einfach zu kopieren, dass der Künstler große Angst hatte, nachgeahmt zu werden. Später sah ich, dass es sich um sündhaft teure Deko für den Garten handelte, die auf den ersten Blick irgendwie stylischer war als das Zeug was draußen angeboten wurde und sehr stark an Vogelscheuchen oder Uhus nach einem Waldbrand erinnerte.

In der gegenüberliegenden Ecke verkaufte eine Frau selbstgemachte Kinderkleidung. Hier wurden sehr viele maritime Designs verwendet, was daran begründet war, dass sie häufig in unserer Lieblingsstadt Hamburg auf Märkten ihre Sachen anbot.

Natürlich gab es auch Stände mit selbst gehäkelten Tischdecken. Mich wundert es, dass diese Ergebnisse akribischer und detailversessener Handarbeit bisher von der UNO nicht als Verbrechen gegen die Menschlichkeit eingestuft wurden.

Direkt hinter unserem Stand und zwar im Abstand von deutlich weniger als einem Meter baute ein älteres und nettes Ehepaar mit einer bemerkenswerten Routine einen großen Verkaufstisch mit selbstgemachter und in verschiedenen Geschmacksrichtungen parfümierter Seife auf. Alles wurde liebevoll von den Beiden dekoriert mit kleinen Deckchen und viel Chichi. Ich hatte bis zu diesem Tag geglaubt, dass Seife aus toten Gäulen gemacht wird und zur Blütezeit des Schlosses hatte sich der Besitzer sicher mindestens zweimal im Jahr mit dieser Substanz gewaschen. Doch das konnte nicht stimmen, denn Pferde rochen selbst für mich als Mann im Vergleich zu diesem intensiven Duftteppich sehr gut. Der Geruch der selbst gekochten Reinigungsmittel verstärkte sich mit dem Voranschreiten des Aufbaus und waberte immer mehr zu uns rüber. Unser Gehirn, sofern vorhanden und ausgebildet, ist ein fantastisches und zugleich rätselhaftes Organ. Das Wasserschloss Wittringen ist in meinem Kopf für alle Zeiten in der Kombination mit diesem besonderen Geruch in Form von Aminosäuren abgespeichert.

Zwischenzeitlich war es zehn Uhr und die Ritterspiele begannen. Eine Weile dauerte es, bis sich die ersten Besucher nach Entrichtung des Eintrittsgeldes im Rittersaal einfanden. Das Publikum war breit gemischt, bestand jedoch überwiegend aus der Generation, die das Schloss in seiner damaligen Blütezeit im 13. Jahrhundert noch selbst erlebt hatten.

Schnell bildete sich eine Besuchertraube um den Seifenstand. Nun ja, die Spielwiese des Herrn ist groß und die Geschmäcker sind verschieden. Ich sah etwas neidisch zur Seifenverkäuferin herüber. Bei ihr lief's. Die Kunden wurden nett beraten und kauften jede Menge Seifen, vielleicht auch als Geschenke für das anstehende Osterfest und den Frühjahrsputz des eigenen Korpus.

An unserem Stand ging man etwas überrascht und teils irritiert vorbei. Autoschrott hatte man hier wohl nicht erwartet.

Es dauerte nicht weniger als zwei Stunden bis Oma, Mutter und Sohn vermutlich nach dem sonntäglichen Kirchgang in Vorbereitung der anstehenden Kommunion vor uns standen. Die Begeisterung des Enkels – unsere heutige Jugend ist trotz aller Unkenrufe doch insgesamt ganz in Ordnung – wurde von der Großmutter unmittelbar in den Kauf einer stylischen Dekoleuchte aus einer original amerikanischen Oldtimer-Radkappe umgesetzt. Zusätzlich kaufte die stilsichere ältere Dame bei uns noch ein Körnerkissen mit Automotiven, um die eigenen, alten Gebeine auch an kühlen Abenden geschmeidig zu halten. Triumphierend sah ich zwischenzeitlich zur Seifenfrau rüber. Tschakka! Wir hatten ein nettes Gespräch und einen Verkaufserfolg, der allerdings auch der einzige an diesem Tag bleiben sollte.

Ja, die Ritterzeit war schon sehr hart. Wenn du's in Gladbeck schaffen kannst, dann schaffst du's überall.

Unperfekt

Als eine weitere Verkaufsmöglichkeit für unsere Produkte machten wir, als eine interessante und sympathische Mischung aus Café und Trödelladen, den Konsumreformshop in der Ruhrpottmetropole Essen aus. Dieser Laden gehört irgendwie zum Unperfekthaus, welches mir aus Seminarveranstaltungen aber auch von einem besonderen privaten Erlebnis bekannt war.

Es war an einem Sonntagnachmittag im Winter. Ein Tag, an dem sich weder das Wetter noch ich so richtig entscheiden und aufraffen konnte. Um der ansonsten drohenden Sonntagsdepression zu entgehen, hatte ich in den unendlichen Weiten des Internets nach Möglichkeiten gesucht, die Erholungszeit mit einer Aktivität zu bereichern. Ich kam vom Hölzken auf's Stöcksken und irgendwie auf die Homepage vom Unperfekthaus. Hier fanden regelmäßig Veranstaltungen statt. So auch an diesem Sonntag und wir fuhren einfach mal hin.

Das Unperfekthaus ist ein, als solches nicht mehr zu erkennendes, ehemaliges Franziskanerkloster, eingebettet in eine Häuserzeile unmittelbar hinter dem Konsumtempel Limbecker Platz. Man kann es als eine kulturelle Einrichtung mit Ateliers für

Kunstschaffende bezeichnen. Zusätzlich hat das Unperfekthaus auch ein Hotel. Auf sieben Etagen wird Kreativen, die ihre Ateliers für Besucher öffnen, die Möglichkeit geboten, sich selbst zu verwirklichen. Ein geniales Konzept und irgendwie auch schöner Kontrast zum Kommerz der nahen Einkaufszone.

Wir hatten vor einiger Zeit einen Tanzkurs bei einer Schule für diese rhythmische Leibesertüchtigung in Dinslaken begonnen und uns im Unperfekthaus nach Durchsicht des aktuellen Programms spontan für einen offenen Kurs entschieden. Als wir in dem total verschachtelten Bau trotz unseres miserablen Orientierungssinns – man muss halt gut zu Fuß sein, wenn man den Weg schlecht findet - den richtigen Raum gefunden hatten, bot sich uns das folgende Bild. Der Raum war sehr groß und eher ein Saal. Er hatte keine Fenster und war durch das künstliche Licht eher spärlich ausgeleuchtet. Auf einer Treppe zu einer kleinen Bühne erkannte ich einen Mann und eine Frau, die dort saßen und sich unterhielten. Als wir uns den Beiden näherten sah ich, dass die Frau ein bandagiertes Fußgelenk hatte und als Tanzsportgerät vermutlich, wenn überhaupt, nur bedingt einsatzfähig war. Der Mann war ungefähr stolze 1,60 Meter groß und stellte sich, nachdem wir die Beiden gefragt hatten, ob wir ihre Unterhaltung kurz stören könnten, als der Tanzlehrer vor. Er trug ein T-Shirt und eine ausgebeulte Sporthose aus Ballonseide, jene

Kleidungsstücke, sollte man sie in den 1980er Jahren besessen haben, vor Jahren im Schutze der Dämmerung unauffällig im Altkleidercontainer entsorgt hatte. Dazu trug er stilsicher abgewetzte Joggingschuhe.

Wir waren etwas irritiert, die einzigen Besucher dieser Tanzveranstaltung zu sein, doch der Tanzlehrer begrüßte uns freundlich und sagte in etwas gebrochenem Deutsch, dass er sich sehr freue, dass wir gekommen wären. Nachdem er unseren Tanzwunsch erfragt hatte, legte er Quickstep-Musik auf und meine Partnerin und ich schwebten durch die Weiten des Saals mit seiner bizarren Atmosphäre. Voller Stolz zeigten wir die gerade erlernten Grundschritte und schlossen an jedem Ende einer Geraden eine elegante Drehung an. Wir fühlten uns gut und waren mit uns zufrieden.

Es dauerte nicht mal zwei Minuten bis ich von der Ballonseide abgeklatscht wurde mit dem deutlichen Hinweis - und osteuropäische Intonation der deutschen Sprache kann sehr hart sein - dass meine Tanzhaltung stark verbesserungswürdig sei. Ich sah meine Partnerin fortan in den Armen des Tanzlehrers dahingleiten, der ganz offensichtlich froh darüber war, ein neues Sportgerät zu haben.

Zu meinem Glück verirrte sich eine Frau so um die vierzig in den Saal, offenbar angelockt durch die laute Musik. Sogleich übergab der Lehrer mir mit ein paar deutlichen Ratschlägen wieder meine Tanzpartnerin und widmete seine Aufmerksamkeit dem neuen potenziellen Opfer. Nach einem kurzen Gespräch zwischen den Beiden und ich hörte im Vorbeitanzen Satzfragmente wie „Ist nicht schlimm zeig ich dir..." und „Versuch doch einfach..." ging es los. Ohne Ankündigung wechselte die Musik plötzlich auf Jive, einem lateinamerikanischen Tanz. Das vom Lehrer gewählte Musikstück hatte mindestens 40 wenn nicht mehr Takte pro Minute und war für diesen trägen Sonntagnachmittag recht flott. Es dauerte nicht lange bis die Jogginghose sich die etwas verdutzt wirkende Frau schnappte und sie durch den Saal wirbelte. Wir standen am Rand der Tanzfläche und staunten Bauklötze. Nach kurzer Zeit wirkten die Beiden wie ein Paar, welches schon sehr lange zusammen tanzte und sehr vertraut miteinander umging. Sagenhaft, der Mann hatte es echt drauf und die Frau tanzte auch wirklich gut. Wir sahen begeistert zu.

Plötzlich fiel ein Strahl Tageslicht in den dunklen Saal und ein Junge, so um die zehn Jahre alt, stand in der halb geöffneten Tür. Von den beiden Tänzern wurde das offenbar überhaupt nicht registriert und sie tanzten ihre Jive-Figuren immer wilder und intensiver.

Der Junge drehte sich um und rief die Worte, die die Mutter des Kleinen wieder in die Wirklichkeit zurückholten: „Schau mal Papa, was Mama da macht!"

Man kann nur hoffen, dass aus dem sonntäglichen Familienausflug ins Unperfekthaus nicht eine ernsthafte Ehekrise erwachsen ist. Vermutlich war Vatti Tanzmuffel und der Fahrlehrer hatte den eingemotteten Oldtimer mal kurz aus der Garage für eine Probefahrt geholt. Ich kenne Eifersucht auch gut als ein sehr starkes Gefühl. Hoffentlich war es bei ihm nicht so schlimm.

Wir verabschiedeten uns kurz danach und streiften noch durch einige Ateliers in dieser wunderbaren Einrichtung.

Trotz dieser Erlebnisse im Unperfekthaus erschien uns der zugehörige Konsumreformshop eine geeignete Adresse zu sein, um unsere Produkte auszustellen. Da die Viehofer Straße im Essener Zentrum, unweit der Einkaufszone gelegen, die für das Ruhrgebiet nicht untypische Mischung aus Handy- und Dönerläden aufweist, darüber hinaus aber offensichtlich ein Hauptumschlagort für Drogen und Sonstiges ist, empfiehlt sich ein Besuch bei Tageslicht. Im hinteren Bereich des Restaurantcafés befinden sich einige enge Regalreihen mit allerlei Trödel und Gebasteltem. Leo und Phil mieteten hier für kleines Geld ein Regal und drapierten drei Uhren und Visitenkarten unseres kleinen Unternehmens.

Die Atmosphäre des Ladens ist sehr besonders und das Konzept ist einzigartig. Leider ergab sich für uns nach vier Wochen Ausstellungszeit kein Verkaufserfolg.

Wenn du's in Essen nicht schaffen kannst, gib nicht auf!

Typen und Energie

Neben der Faszination für Oldtimer und der Erfahrung der Teamarbeit sind es vor allem die Begegnungen mit Menschen, die mir nicht selten große Freude machen. Von zwei Begegnungen möchte ich hier berichten:

Wir erhielten vor einiger Zeit eine E-Mail von einer Dame, die über das Internet auf uns aufmerksam geworden war. Sie interessierte sich für eine Mercedes-Radkappenuhr. Wir vereinbarten einen Termin am Abend. Es war ein Tag im Hochsommer und pünktlich zur vereinbarten Zeit klingelte es an unserer Haustür. Vor der Tür stand eine Frau so um die dreißig. Sie trug Arbeitskleidung und hatte sehr auffällige Piercings im Gesicht. Ich weiß, dass es vielleicht intolerant klingen mag (ist es aber nicht) und neben meiner Sozialisierung auch mit meinem Alter zu tun hat, aber auf mich wirken diese extrem auffälligen Gesichtspiercings und Tattoos nach wie vor etwas befremdlich. Die Frau war sehr schlank und wirkte sportlich. Sie erzählte uns, dass sie Dachdeckerin sei und ihr Chef mehrere Mercedes Strich 8 hatte, die ihm sehr viel bedeuteten. Sie hatte sich daher überlegt, ihm eine passende Radkappenuhr zu seinem Geburtstag zu schenken. Wir kamen ein wenig ins Gespräch und sie erzählte, dass sie in einer kleinen Wohnung in Duisburg zusammen mit ihrem Rottweiler lebte. Dieser Hund verschaffte ihr etwas Sicherheit in einem Duisburger Viertel, in dem Frauen abends eher mit einem etwas mulmigen Gefühl das Haus verlassen. Sie sagte dies nicht anklagend, sondern hatte die Zustände offenbar als Herausforderung akzeptiert. Während sie das erzählte, wirkte die Frau auf mich sehr stark. Sie gehörte offenbar zu den Menschen, die ihr Schicksal in die Hand nahmen und versuchten das Beste aus ihrer Situation zu machen. Ihre Augen leuchteten, als sie von Ihrem Hobby erzählte. Radfahren war ihre große Leidenschaft. Sie erzählte von Touren mit Längen, bei denen andere Menschen selbst nach einer Fahrt mit dem Auto müde sind. Ich holte drei Radkappenuhren aus dem Keller und sie suchte sich eine aus. Sie hatte unsere Idee der gebrauchten Autoteile mit Seele sofort verstanden und wir brauchten ihr auch gar nicht groß zu erklären, dass die Kratzer, Macken und Dellen praktisch die DNA unseres Produktes sind. Als wir die Radkappe verpackt hatten, erklärten wir ihr kurz, dass sie den Karton am besten offen in ihr Auto legen sollte, um möglichst die fragilen Zeiger nicht zu beschädigen. Unser Erstaunen war umso größer, als sie uns sagte, dass sie nach der Arbeit mit dem Zug von Duisburg nach Dinslaken gefahren sei und die 5 Kilometer aus der Innenstadt zu uns nach Hiesfeld zu Fuß zurückgelegt habe. Diesen Weg wollte sie auch mit der Uhr in der

Hand wieder zurückgehen und lehnte mein Angebot, sie zum Bahnhof zu fahren, dankend ab. Die zierliche Frau hatte mit ihrer Stärke den Raum gefüllt.

Eine andere beeindruckende Begegnung hatte ich auf einem Kunsthandwerkermarkt. Ich wurde von einem Mann in ungefähr meinem Alter, der bereits mehrfach an unserem Stand vorbeigegangen war, auf die von uns ausgestellten Produkte angesprochen. Schnell entwickelte sich ein für mich sehr intensives Gespräch. Der Mann in Jeans und Sweatshirt erzählte, dass er Lehrer für Mathe und Physik sei und zeitweise auch Zirkuskinder unterrichtete. Neben dem Unterricht in den klassischen Fächern baute er mit ihnen unter anderem Geräte aus Holz für die Manege. Er erzählte mir, dass er in seiner Freizeit auch handwerklich sehr aktiv sei und seine Augen lachten, als er die tiefe Befriedigung beschrieb, die zum Beispiel selbst gebaute Möbel hervorriefen. Wir diskutierten darüber, dass man heute zwar die technischen Möglichkeiten hat, Autos mit deutlich längerer Lebensdauer zu bauen, dass dies aber in unserem Wirtschaftssystem nicht gewünscht sei. Wir waren uns einig darin, dass der Kapitalismus als Existenzgrundlage stetiges Wachstum benötigt. Dies steht zumindest in einigen Aspekten im Widerspruch zu Ideen von Nachhaltigkeit und Umweltschutz. Welchen Sinn macht es, das Abwracken von verkehrstüchtigen Fahrzeugen mit Verbrennungsmotor zu fördern zugunsten einer Anschaffung eines Elektrofahrzeugs? Die Herstellung eines Mittelklasseautos verursacht ungefähr fünf Tonnen Kohlendioxid (CO_2). Das entspricht in etwa einem Ausstoß des Klimagases auf einer Fahrstrecke von 30.000 Kilometern.

Wirft man einen Blick in die Statistiken (sorry, aber jetzt kann ich ein paar Zahlen, Daten und Fakten nicht aussparen) so stellt man fest, dass in Deutschland der CO_2-Ausstoß bei der Stromproduktion zwar in den letzten Jahren dank des Ausbaus der Erneuerbaren gesunken ist, jedoch im Durchschnitt immer noch bei fast 500g CO_2 pro erzeugter Kilowattstunde (kWh) Strom liegt (im Jahr 2018: 474 Gramm pro Kilowattstunde, Quelle: Umweltbundesamt). Es ist ein trüber aber windiger Tag im Dezember, nachmittags in den Weihnachtsferien bei insgesamt eher geringem Stromverbrauch, als ich diese Zeilen schreibe und meine App *electricityMap* zeigt einen aktuellen CO_2-Ausstoß von 228 Gramm pro kWh Strom, der immerhin zu 56% regenerativ erzeugt wurde. Das ist für Deutschland ein sehr guter Wert, begünstigt durch einen niedrigen Bedarf bei gleichzeitig hoher Ausbeute an Windstrom. Frankreich hat zeitgleich dank starkem Einsatz von Atomstrom einen Wert von 38 Gramm und Spanien mit einem Mix aus hauptsächlich Atom-, Wind-, Solar- und Wasserkraft einen Wert von 111

Gramm. Wir sind in Deutschland momentan in diesem Punkt bestimmt kein Musterschüler.

Da der Strom ja bekanntlich nicht einfach so aus der Steckdose kommt, sondern zeitgleich irgendwo produziert werden muss, kann man sich schnell überlegen, dass E-Mobilität im Vergleich zu konventionellen Verbrennern nur wirklich gut ist, wenn der Strom überwiegend aus Erneuerbaren und am besten so gut wie gar nicht aus Kohle kommt. Der momentane Strommix in Deutschland führt daher leider beim Wechsel zum Stromauto nicht zu einer signifikanten Kohlendioxideinsparung und ob man es hören will oder nicht, aber das Abschalten der letzten Atomkraftwerke wird in Bezug auf den CO_2-Ausstoß ungünstig wirken.

Die Verschrottung eines funktionierenden Altfahrzeugs mit Verbrennungsmotor und Ersatz durch ein neues Elektroauto würde sich, je nachdem wie durstig der alte, gemeint ist natürlich der Wagen, ist, erst jenseits von 100.000 gefahrenen Kilometern günstig auf die Kohlendioxidbilanz auswirken. Ja schönen Dank auch. Das ist bestimmt keine Maßnahme, um kurzfristig die Klimawende einzuleiten. Die glauben wohl wir können nicht rechnen.

Darüber hinaus sind die bekannten Nachteile des Aufladens des Akkus und des enormen Investitionsbedarfs in die Infrastruktur zu berücksichtigen. Unter diesen Aspekten ist ein kompletter Ersatz der bestehenden PKW-Flotte in Deutschland durch neue E-Autos sicher nochmal zu überdenken.

Ich bin davon überzeugt, dass wir neben der Elektromobilität weitere Alternativen wie zum Beispiel Wasserstoff, der aus Erneuerbaren hergestellt wird, fördern müssen und werden. Hierzu bedarf es Investitionen in Bildung, Forschung und Projekte. Allein mit den Millionen, die unser Verkehrsminister im Rahmen des PKW-Mautdebakels offenbar versenkt hat, hätte sich schon einiges machen lassen.

Ich war froh, einen der Bürger getroffen zu haben, die sich kritische Gedanken über unsere Gesellschaft und die anstehenden Herausforderungen machten und gleichzeitig in einem Beruf als Lehrer junge Menschen darin unterstützen konnte, ihren Weg ins Leben zu finden und für uns alle Perspektiven zu entwickeln.

Er kaufte eine kleine Uhr und ich hatte das Gefühl er tat es auch als symbolische Geste der Sympathie für unser Projekt.